초등학생이 꼭 읽어야 할
5000년 한국신화

신현배 엮음 | 김형준 그림

초등학생이 꼭 읽어야 할

5000년
한국신화

2006년 11월 10일 초판 1쇄 발행 | 2021년 7월 30일 초판 6쇄 발행

엮은이 신현배 | **그린이** 김형준 | **펴낸이** 장진혁 | **펴낸곳** 형설출판사(형설아이)
주소 경기도 파주시 회동길 37-23 | **전화** (031) 955-2371, (031) 955-2361
팩스 (031) 955-2341 | **등록** 602-28-05144 | **홈페이지** www.hipub.co.kr
공급 형설출판사

ISBN 978-89-5697-885-7 64800
ISBN 978-89-5697-693-8 (세트)

ⓒ 신현배 2021 Printed in Korea

※ 잘못된 책은 구입하신 곳에서 바꾸어 드립니다.
※ 이 책의 내용을 쓰고자 할 때는, 저작권자와 출판사의 허락을 받아야 합니다.

초등학생이 꼭 읽어야 할

5000년 한국신화

신현배 엮음 | 김형준 그림

Children's books

머리말

까마득한 옛날, 사람들은 이런 생각을 했습니다.
'사람은 누가 만들었을까?'
'하늘과 땅은 어떻게 생겨났을까?'
'해와 달은 왜 뜨고 지는 걸까?'

사람들은 우주와 자연을 보며 상상의 날개를 펼쳤습니다. 그러한 생각들이 모여서 만들어진 것이 바로 신들에 관한 이야기입니다. 초자연적인 힘을 갖게 된 신들이 이 세상과 세상의 온갖 것을 만들었다는 것이지요. 이러한 이야기가 곧 신화이고 신앙의 대상이 되어 신성시되어 왔답니다.

신화는 신적 존재와 그 활동에 관한 이야기입니다. 그래서 신화에는 세상의 기원, 인간의 창조뿐 아니라 신들의 탄생, 삶과 죽음, 사랑과 모험 등 흥미로운 내용이 담겨 있습니다. 이러한 신화들을 읽으면 옛날 사람들의 생활 모습, 사고 방식, 풍습, 소망 등을 알 수 있습니다. 신화는 과거를 비추는 거울이자 한 민족의 영원한 고향이기 때문입니다.

《초등학생이 꼭 읽어야 할 5000년 한국 신화》는 5000년 우리 겨레가 남긴 신화 가운데 대표적인 신화 21편을 가려 뽑아 소개한 책입니다.

한국 신화는 크게 '글로 전해 내려온 신화(문헌 신화)', '입으로 전해 내려온 신화(구전 신화)', '무당이 부르는 노래 속의 신화(무속 신화)' 이렇게 세 갈래로 나누어집니다. 그래서 이 책에서는 이 세 갈래의 중요한 신화들을 소개하였습니다.

전체를 세 부분으로 나누어 '글로 전해 내려온 신화' 편에서는 고조선, 고구려, 백제, 신라, 가야, 고려의 건국 신화와 석탈해, 김알지 등 씨족의 시조 신화 등 《삼국유사》, 《삼국사기》에서 전해 내려온 신화 8편을 실었습니다.

'입으로 전해 내려온 신화' 편에서는 일신, 월신 신화, 장길손, 설문대 할망의 거인 신화, 나무 도령의 홍수 신화, 천 년을 둔 장기의 신선 신화, 다자구 할머니의 산신 신화, 손돌의 풍신 신화 등 입에서 입으로 전해 내려온 신화 7편을 실었습니다.

그리고 '무당이 부르는 노래 속의 신화' 편에서는 창세 신화, 소별왕과 대별왕 신화, 저승 차사 강림 도령 신화, 농경신 자청비, 문도령과 축산신 정수남 신화, 무조신 바리 공주 신화, 삼신 할멈 신화 등 무당에 의해 전해 내려온 무가 속에 들어 있는 신화 6편을 실었습니다.

아무쪼록 이 책을 통해 용기와 지혜를 얻고 꿈과 상상력을 키우시기 바랍니다.

엮은이 신현배

차례

글로 전해 내려온 신화

단군이 태어난 이야기 • 고조선 건국 신화 _ 10
고구려를 세운 주몽 • 고구려 건국 신화 _ 22
백제를 세운 온조 • 백제 건국 신화 _ 34
신라를 세운 박혁거세 • 신라 건국 신화 _ 40
수로왕과 허황옥 • 가야 건국 신화 _ 50
삼국을 통일한 왕건과 왕건의 조상 이야기 • 고려 건국 신화 _ 60
신라의 왕이 된 석탈해 • 석씨 시조 석탈해 신화 _ 82
황금 상자에서 나온 아이 • 김씨 시조 김알지 신화 _ 92

입으로 전해 내려온 신화

해와 달이 된 오누이 • 일신, 월신 신화 _ 98
백두산을 만든 장길손 • 거인 신화 _ 106
오줌발 센 설문대 할망 • 거인 신화 _ 110
나무 도령 • 홍수 신화 _ 116
천 년을 둔 장기 • 신선 신화 _ 128
다자구 할머니 • 산신 신화 _ 136
바람신이 된 손돌 • 풍신 신화 _ 146

무당이 부르는 노래 속의 신화

세상은 어떻게 생겨났을까? • 창세 신화 _ 154
이승을 다스리는 소별왕과 저승을 다스리는 대별왕 • 소별왕, 대별왕 신화 _ 164
염라대왕을 잡아오너라! • 저승 차사 강림 도령 신화 _ 180
자청비와 문도령의 사랑 • 농경신 자청비, 문도령과 축산신 정수남 신화 _ 204
효성스러운 바리 공주 • 무조신 바리 공주 신화 _ 234
아기 낳는 일을 돕는 삼신 할멈 • 삼신 할멈 신화 _ 244

단군이 태어난 이야기 • 고조선 건국 신화

고구려를 세운 주몽 • 고구려 건국 신화

백제를 세운 온조 • 백제 건국 신화

신라를 세운 박혁거세 • 신라 건국 신화

수로왕과 허황옥 • 가야 건국 신화

삼국을 통일한 왕건과 왕건의 조상 이야기 • 고려 건국 신화

신라의 왕이 된 석탈해 • 석씨 시조 석탈해 신화

황금 상자에서 나온 아이 • 김씨 시조 김알지 신화

글로 전해 내려온 신화

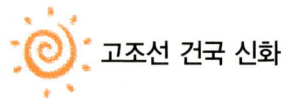 고조선 건국 신화

단군이 태어난 이야기

까마득히 멀고 먼 옛날, 하늘나라의 왕은 환인이었습니다. 환인은 모든 신들의 왕인 하느님으로 온 세상을 다스리고 있었습니다.

환인에게는 자식이 여럿 있었습니다. 그 가운데 환웅이라는 아들이 얼굴이 잘생기고 지혜로워서 아버지 환인으로부터 큰 사랑을 받고 있었습니다.

환웅은 다른 형제들과는 달리 하늘나라보다 인간 세상에 더 관심이 많았습니다. 그래서 틈만 나면 땅 위에 있는 인간 세상을 내려다보았습니다.

'저 아래에는 아름다운 세상이 펼쳐져 있구나. 하지만 정작 인간들은 농사를 지을 줄도 모르고 힘들게 살아가고 있으니…….'

환웅은 인간들이 사는 모습을 볼 때마다 마음이 아팠습니다.

'인간들을 저대로 내버려 둘 수 없어. 내가 저 세상에 내려가서 인간들을 도와 줘야겠다.'

환웅은 이렇게 마음을 정하고 아버지 환인에게 말했습니다.

"인간 세상에 내려가서 살고 싶습니다. 인간 세상을 널리 이롭게 하는 나라를 세우겠습니다."

환웅은 환인에게 자신의 속마음을 털어놓았습니다.

그러자 환인은 눈을 지그시 감고 잠시 생각에 잠기더니 눈을 뜨고 입을 열었습니다.

"네 결심이 그렇다면 말릴 수가 없구나. 알았다. 인간 세상에 내려가도록 해라. 네 뜻대로 인간 세상을 널리 이롭게 하는 나라를 세우도록 하고……."

"아버지, 고맙습니다."

환웅은 허락을 받자 뛸 듯이 기뻐했습니다.

환인이 다시 입을 열었습니다.

"그래, 나라를 세울 곳은 정해 놓았느냐?"

"예, 아버지. 저기 우뚝 솟아 있는 산을 보십시오. 저 산이 바로 태백산인데 인간 세상을 이롭게 할 만한 땅으로 오래 전부터 점찍어 두었습니다."

환인은 환웅이 가리키는 산을 보고 고개를 끄덕였습니다.

"으음, 정말 이름 그대로 크고 밝은 산이로구나. 인간 세상을 잘 다스릴 수 있겠어."

환인은 산을 구석구석 살펴보고는 갑자기 생각난 듯 물었습니다.

"참! 나라를 세우려면 너를 도울 신하들이 있어야 하지 않겠느냐? 누구누구를 데려갈 건지 정해 놓았느냐?"

"예, 아버지. 바람을 다스리는 신 풍백, 구름을 다스리는 신 운사, 비를 다스리는 신 우사를 비롯하여 농사를 맡은 신, 질병을 맡은 신 등 여러 신들이 필요합니다."

"흠, 인간 세상을 다스리려면 아무래도 그들이 필요하겠구나. 알겠다. 그들을 데리고 인간 세상에 내려가도록 해라."

"감사합니다."

떠날 준비를 마치자 환인은 환웅을 불러 말했습니다.

"너한테 줄 것이 있다. 이것은 인간 세상을 다스리는 왕의 표적으로 천부인 세 개니라."

천부인 세 개는 거울, 방울, 칼이었습니다. 둥근 해를 뜻하는 거울을 비치면 어둠 속에 숨어 사는 마귀를 쫓을 수 있었습니다. 그리고 왕의 말씀을 뜻하는 방울을 흔들면 간사한 말을 하는 무리들을 흩어지게 하였고, 힘을 뜻하는 칼을 들면 악한 귀신들을 없앨 수 있었습니다.

환웅은 신기한 보물들을 받아 들고 하늘의 말이 끄는 수레에 올라탔습니다. 환웅의 뒤에는 풍백, 운사, 우사 등 그를 도와 일할 삼천 명의 신이 있었습니다. 환웅은 그들을 돌아보며 큰 소리로 외쳤습니다.

"사랑하는 신하들이여, 인간 세상을 이롭게 할 나라를 세우러 떠나자!"

"와아아!"

환웅을 태운 수레가 앞장서고 삼천 명의 무리가 그 뒤를 따랐습니다. 이들은 태백산으로 천천히 내려왔습니다.

태백산 꼭대기에는 '신단수'라는 큰 나무가 있었습니다. 환웅은 그 나무 아래에 무리를 모아 놓고 말했습니다.

"지금부터 이곳을 '신시(신의 도시)'라고 부르겠다. 그대들은 나를 '환웅천왕'이라고 불러라."

그러자 삼천 명의 무리는 다 같이 만세를 불렀습니다.

"환웅천왕 만세! 환웅천왕 만세!"

환웅이 인간 세상에 내려와 가장 먼저 한 일은 농사를 짓는 일이었습니다. 그는 농사를 맡은 신에게 이 땅에 곡식을 심으라 이르고는 풍백과 운사와 우사에게 명령했습니다.

"그대들이 서로 도와 곡식이 잘 자라도록 하라."

"알겠습니다, 환웅천왕님."

풍백과 운사와 우사는 바람과 비를 잘 조절해 곡식이 쑥쑥 자라도록 도왔습니다. 그리하여 그 해 농사는 풍년이 들어 모든 백성이 고루 잘 먹고 잘 살게 되었습니다.

태백산에 신시를 세운 환웅은 바쁜 나날을 보냈습니다. 농사일뿐 아니라 병 고치는 일, 죄지은 사람을 벌주는 일 등 인간 세상에 필요한 삼백육십 가지 일을 신들의 도움을 받아 백성들에게 가르쳐야 했기 때문이었습니다.

덕분에 신시는 살기 좋은 곳으로 변해 갔습니다. 백성들은 즐겁고 행복하여 날마다 춤추고 노래를 불렀습니다. 그리고 모이기만 하면 환웅을 찬양했습니다.

"환웅천왕님은 정말 고마우신 분이야. 우리가 이렇게 잘 살게 된 것도 다 그분 덕이야."

"그야 물론이지. 그분이 오시지 않았으면 우리는 여전히 짐승처럼 살고 있을걸."

"환웅천왕님은 이 땅을 하늘나라로 만들었어. 우리에게는 괴로운 일은 전혀 없고 즐겁고 행복한 일뿐이잖아."

태백산의 동굴에서는 곰과 호랑이가 살고 있었습니다. 이들은 사람들이 사는 모습을 보고는 부러워 어쩔 줄을 몰랐습니다.

"사람들 좀 봐. 춤추고 노래 부르며 살고 있어."

"얼마나 즐겁고 행복하면 날마다 저럴까? 아, 나도 사람이 되고 싶어!"

곰과 호랑이는 정말 사람이 되고 싶었습니다. 사람이 되어 환웅천왕이 다스리는 신시의 백성이 되고 싶었습니다.

"어떻게 하면 사람이 될 수 있을까? 사람이 될 수 있다면 나는 무슨 일이든 다 하겠어."

"나도 그래. 한 달 동안 물 속에 들어가 있으라고 하면 한 달이 아니라 두 달이라도 있을 거야."

"우리 환웅천왕님께 찾아가서 부탁해 볼까? 사람으로 만들어 달라고 말이야."

"그거 좋은 생각이다. 환웅천왕님은 하느님의 아들이니 우리를 사람으로 만드는 것은 식은 죽 먹기일걸."

"환웅천왕님께 간절히 부탁하면 우리의 소원을 들어주실 거야."

곰과 호랑이는 환웅을 찾아가서 무릎을 꿇고 빌었습니다.

"환웅천왕님, 소원이 있습니다. 저희들을 사람이 되게 해 주세요."

"사람이 될 수 있다면 무슨 일이든 다 하겠어요. 그러니 제발 저희들의 소원을 들어주세요."

환웅은 말없이 곰과 호랑이를 바라보더니 한참 만에 입을 열었습니다.

"사람이 되는 것은 쉬운 일이 아니야. 어려운 일을 참고 견디지 않으면 결코 사람이 될 수 없어."

"그 일이 무엇입니까? 제발 가르쳐 주십시오. 저희들은 짐승의 가죽을 벗을 수 있다면 죽을 각오가 되어 있습니다."

"각오가 대단하구나. 좋다. 사람이 되는 방법을 알려 주지. 너희들

은 햇빛 한 점 들지 않는 어두컴컴한 굴 속에서 백 일 동안 기도를 해야 한다. 다른 것은 먹지 말고 쑥 한 줌과 마늘 스무 쪽만 먹어야 한다. 그러면 소원대로 사람이 될 수 있을 것이다."

"그런 방법이 있었군요. 좋습니다. 분부하신 대로 하지요."

곰과 호랑이는 환웅에게 쑥과 마늘을 받아 들고 굴로 돌아왔습니다.

호랑이가 싱글벙글 웃으며 말했습니다.

"생각보다 쉬운걸. 쑥과 마늘을 먹으며 백 일 동안 굴 속에 꼼짝 않고 있으면 사람이 될 수 있다니 말이야."

그러나 그 방법은 쉽지 않았습니다. 캄캄한 굴 속에서 쓰디쓴 쑥과

매운 마늘만 먹으며 견딘다는 것은 여간 괴로운 일이 아니었습니다.

며칠이 지나자 호랑이는 견디다 못해 소리쳤습니다.

"아, 나는 도저히 쑥과 마늘을 못 먹겠어. 배고파 미치겠단 말이야. 이러다간 사람이 되기 전에 굶어 죽을 것 같아!"

곰이 달래듯이 말했습니다.

"그래도 참고 견뎌야지. 사람이 되려면 어쩔 수 없어."

"아니야, 나는 더 이상 못 견디겠어. 사람이 되지 않아도 좋으니 우선 빈속을 채워야겠어."

호랑이는 결국 굴 밖으로 뛰쳐나가고 말았습니다.

곰은 어두컴컴한 굴 속에 혼자 남았습니다. 외로움과 배고픔이 한꺼번에 밀려왔습니다.

'나도 호랑이를 따라 굴 밖으로 나갈까?'

곰은 이런 생각을 하다가 고개를 절레절레 흔들었습니다.

'아니야, 나는 끝까지 견뎌야 해. 그래서 꼭 사람이 되어야 해.'

곰은 이를 악물었습니다.

드디어 백 일이 지났습니다. 참을성 많은 곰은 소원대로 사람이 되었습니다. 곰의 가죽을 벗고 어여쁜 여자의 몸으로 변한 것입니다.

"끈기가 대단하구나. 네가 여자로 태어났으니 이름을 지어 주마. 네 이름은 '웅녀'니라."

웅녀는 '곰 여자'라는 뜻이었습니다.

'꿈이냐 생시냐? 내가 사람이 되다니 말이야. 이왕 여자로 태어났으니 나도 결혼해서 아기를 낳고 싶어.'

웅녀는 날마다 신단수에 가서 간절히 빌었습니다.

"하느님, 제게도 배필을 정해 주세요. 귀여운 아기를 낳고 싶어요."

환웅은 웅녀가 가엾고 애처로웠습니다. 그래서 웅녀를 왕비로 맞이하기로 마음먹었습니다.

웅녀는 환웅과 결혼하여 소원대로 귀여운 아기를 낳았습니다. 이 아기가 바로 단군 왕검입니다.

단군 왕검은 늠름한 젊은이로 자라나 평양 땅에 나라를 세웠습니다. 이 나라가 바로 고조선으로 이 땅에 세워진 최초의 나라입니다. 단군 왕검은 고조선을 1500년 동안 다스리고는 백악산 아사달로 들어가 산신이 되었다고 합니다. 이때 그의 나이는 1,908살이었습니다.

(출전 : 《삼국유사》)

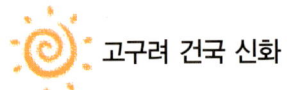 고구려 건국 신화

고구려를 세운 주몽

만주 송화강 근처의 가섭원 땅에 동부여의 금와왕이 살고 있었습니다.

어느 날, 금와왕은 사냥을 나섰다가 태백산 남쪽 우발수('상평지'라고도 함)라는 강가에서 한 여인을 만났습니다. 여인은 강가를 헤매 다니고 있었습니다.

금와왕이 여인에게 물었습니다.

"너는 어디 사는 누구냐?"

여인이 대답했습니다.

"저는 웅심산(백두산) 밑 압록강 가에 사는 하백의 딸 유화입니다."

"하백이라면 물을 다스리는 신 아닌가?"

"예, 그렇습니다."

"하백의 딸이 무슨 일로 이 외딴 곳을 혼자 헤매고 있느냐?"

"그럴 만한 사정이 있습니다. 제가 집에서 쫓겨나 이곳에 꼼짝없이 귀양살이를 하고 있답니다."

"아니, 무슨 잘못을 저질렀기에?"

"아버지의 허락도 없이 다른 남자와 혼인하여 아이를 가졌거든요. 그 남자는 하느님의 아들 '해모수'입니다."

"아버지의 노여움을 사서 이곳으로 귀양을 온 게로구나?"

"예."

"그렇다면 네 남편 해모수는 어디 있느냐?"

"제가 집에서 쫓겨나기 전에 어디론가 자취를 감춰 버렸습니다. 지금까지 아무 소식이 없습니다."

"저런, 사정이 딱하게 되었구나. 아무리 귀양을 왔기로서니 이런 곳에서 여자의 몸으로 혼자 살 수는 없지."

금와왕은 사연을 듣고 나니 측은한 마음이 들었습니다. 그래서 유화를 자신의 궁전으로 데리고 가서 살 집을 마련해 주었습니다.

유화는 몇 달 뒤, 알 하나를 낳았습니다. 알이 얼마나 큰지 닷 되들이 그릇만 했습니다.

이 소식을 듣고 금와왕은 깜짝 놀랐습니다.

"사람이 알을 낳다니 해괴한 일이로구나. 그 알을 돼지에게나 던져

주어라."

신하들은 왕의 명령대로 알을 돼지 우리에 넣었습니다. 그러자 돼지들이 알을 먹지 않고 소중히 간수하는 것이었습니다.

신하들이 이 일을 보고하자 금와왕은

"괴이하도다. 그 알을 길바닥에 버리도록 해라."

하고 명령했습니다.

신하들은 즉시 알을 길바닥에 내버렸습니다. 그러자 이번에도 괴이쩍은 일이 벌어졌습니다. 지나가던 소와 말이 그 알을 피해 멀찌감치 비켜 가는 것이었습니다.

"이번에는 들판에 내다 버려라."

신하들은 왕이 시키는 대로 했습니다. 그리고는 멀찍이 물러서서 버려진 알을 지켜보았습니다.

잠시 뒤, 그들은 눈이 휘둥그레졌습니다. 알 주위로 새들이 모여들더니 날개로 덮어 보호해 주는 것이었습니다.

신하들의 보고를 받은 금와왕은 알을 가져다가 깨뜨리라고 지시했습니다.

왕이 지켜보는 가운데 신하 하나가 쇠망치로 알을 힘껏 내리쳤습니다. 그러나 알은 왕을 비웃듯이 금 하나 가지 않았습니다.

금와왕은 고개를 절레절레 흔들었습니다.

"보통 알이 아니구나. 이 알을 어미에게 돌려주어라."

신하들은 왕의 명령대로 유화 부인에게 알을 돌려주었습니다.

유화 부인은 그 알을 이불에 꼭 싸서 따뜻한 방 안에 놓아 두었습니다.

그로부터 며칠 뒤, 잘생긴 남자 아이 하나가 알을 깨고 나왔습니다. 그 아이는 어찌나 총명한지 태어난 지 한 달도 못 되어 벌써 말을 하기 시작했습니다.

"어머니! 파리들이 귀찮게 굴어 도저히 잠을 못 자겠어요. 저를 위해 활과 화살을 가져다 주세요."

아이의 말을 듣고 어머니는 활과 화살을 구해 주었습니다.

아이는 그날부터 파리 사냥을 시작했습니다. 파리를 보는 족족 활을 쏘아 맞히는데 백발백중 귀신 같은 솜씨였습니다.

이 솜씨를 보고 어머니가 아들에게 이름을 지어 주었습니다.

"오늘부터 네 이름은 주몽이다. 주몽이. 알겠지?"

당시 부여에서는 활 잘 쏘는 사람을 '주몽'이라 하였다고 합니다.

주몽은 어머니의 사랑을 받으며 씩씩하게 자라났습니다. 어느새 어깨가 떡 벌어진 젊은이가 되었습니다.

주몽은 천하제일의 활 솜씨를 자랑했습니다. 주몽의 활 솜씨를 능가하는 사람은 아무도 없었습니다.

금와왕에게는 일곱 아들이 있었는데, 이들에게는 주몽이 눈엣가시였습니다. 그들은 틈만 나면 이렇게 수군거렸습니다.

"주몽이는 언제 무슨 짓을 할지 몰라. 그놈은 알에서 나왔거든. 아버지가 돌아가시면 우리를 죽이고 왕의 자리에 앉을지도 모르지."

일곱 명의 왕자는 주몽의 재주가 워낙 뛰어나자 불안해하며 주몽을 없앨 궁리를 했습니다.

어느 날, 큰아들 대소가 금와왕에게 말했습니다.

"아바마마, 주몽을 그대로 두어서는 안 됩니다. 들리는 소문에 의하면 국왕의 자리를 노리고 있답니다. 일찍 죽여 없애는 것이……."

"허허, 말도 안 되는 소리……. 너는 그까짓 허튼 소문을 믿는단 말이냐? 주몽이는 은혜를 배신으로 갚을 사람이 아니다."

금와왕은 큰아들의 건의를 물리치고 주몽에게 말 기르는 일을 맡겼습니다.

주몽은 좋은 말과 나쁜 말을 분별할 줄 알았습니다. 그래서 가장 좋은 말은 혀에 바늘을 꽂아 두어 일부러 못 먹게 만들고 나쁜 말들은 잘 먹였습니다. 그러자 가장 좋은 말은 점점 여위어 뼈만 앙상해졌고 나쁜 말들은 피둥피둥 살이 쪘습니다.

얼마 뒤, 금와왕이 마구간에 들렀습니다. 금와왕은 거의 모든 말이 살쪄 있는 것을 보고 몹시 기뻐했습니다. 금와왕은 주몽에게 상으로 여윈 말을 주었습니다.

이 무렵 주몽은 장가를 들었는데 아내가 임신 중이었습니다.

하루는 유화 부인이 주몽을 불러 말했습니다.

"왕자들과 여러 신하들이 너를 해치려 하니 어서 이곳을 떠나거라. 네가 가진 재주와 지혜라면 장차 큰일을 할 수 있을 것이다."

주몽은 그날 밤 떠나기로 하고 세 청년을 집으로 불렀습니다.

오이, 마리, 협부가 찾아왔는데, 이들은 주몽을 따르는 동지들이었습니다.

주몽은 떠나기 전에 칼을 두 동강 내어 한 동강을 어떤 곳에 감춰 두었습니다. 그리고는 아내에게 말했습니다.

"뒷날 나에 대한 소식을 듣게 될 거요. 아들을 낳으면 나한테 보내시오. 내가 일곱 고개와 일곱 골짜기가 진 돌 위의 소나무 사이에 감춰 둔 물건이 있는데 그것을 찾아 가져와야 하오. 그래야만 아들로 인정할 거요."

주몽은 작별 인사를 끝낸 뒤 마구간에서 금와왕으로부터 받은 말 한 마리를 꺼냈습니다. 주몽이 혀에 꽂힌 바늘을 빼내 여윈 말을 기름진 말로 바꾸어 놓았던 것입니다.

주몽은 세 청년과 함께 말을 타고 궁전을 떠났습니다. 그들은 남으로 남으로 말을 타고 계속 달렸습니다.

새벽녘쯤 이르러서야 왕자들은 주몽이 달아난 것을 알아차렸습니다.

"주몽을 뒤쫓아라. 멀리 달아나지는 못했을 거다."

왕자들은 병사들을 이끌고 주몽의 뒤를 쫓기 시작했습니다.

주몽 일행은 강가에 다다랐습니다. 압록강 동북쪽에 있는 엄체수라는 곳이었는데 그곳에는 배 한 척 없었습니다.

주몽 일행이 강을 건너지 못해 발을 동동 구르고 있을 때였습니다.

"주몽이 저기 있다! 잡아라!"

왕자들과 병사들이 외치는 고함 소리가 뒤에서 들려 왔습니다.

주몽은 눈앞이 캄캄해졌습니다. 꼼짝없이 붙잡히게 된 것입니다.

주몽은 하늘을 우러러보며 중얼거렸습니다.

"하느님, 저를 구해 주십시오. 저는 해모수의 아들이니 하느님의 손자 아닙니까. 그리고 어머니는 하백의 딸입니다. 저를 위해 다리를 놓아 주십시오."

주몽이 기도를 끝내자 갑자기 희한한 일이 벌어졌습니다.

물고기와 자라들이 떼지어 나타나 물 위에 다리를 만들어 놓는 것이었습니다.

주몽 일행은 재빨리 그 위를 걸어 강을 건넜습니다.

추격해 온 병사들은 놀란 눈으로 그 광경을 지켜보았습니다.

"우리도 건너자."

대소 태자가 이렇게 말하며 강가로 다가섰습니다.

그러자 물고기와 자라들이 흩어져 물 속으로 사라지는 것이었습니다.

"아뿔싸, 이 일을 어찌 한담."

대소 태자는 강 건너편에서 멀어져 가는 주몽을 바라보며 탄식했습니다.

주몽은 유유히 강가를 벗어나 졸본 부여로 갔습니다. 그리고 그곳에 나라를 세우고 임금의 자리에 올랐습니다(기원전 37년). 나라의 이름은 '고구려'라 칭하였고 성을 '고'라 했습니다.

그 후 주몽은 기원전 36년에 비류국 송양왕의 항복을 받았고, 기원전 34년에는 성곽과 궁궐을 지었습니다. 또한 기원전 33년에는 행인국을 정복했으며, 기원전 28년에는 북옥저를 멸망시켰습니다.

이렇게 나라의 기틀을 잡아갈 무렵, 동부여에서 아들 유리가 찾아왔습니다.

유리는 일곱 고개와 일곱 골짜기가 진 돌 위의 소나무 사이에 감춰 둔 물건을 가지고 왔습니다.

일곱 고개와 일곱 골짜기는 일곱 개로 모난 주춧돌을 말합니다. 유리의 집 기둥이 일곱 개의 모난 주춧돌 위에 세워진 소나무 기둥이었는데 유리는 그 기둥 위에 난 구멍에서 아버지가 감춰 둔 칼 한 동강을 찾아냈던 것입니다.

주몽은 유리가 바친 칼 한 동강을 자신이 갖고 있던 나머지 칼 동강과 맞춰 보았습니다. 정확히 맞았습니다.

"오, 내 아들이 틀림없구나!"

"아버지!"

주몽은 유리를 얼싸안고 감격의 눈물을 흘렸습니다.

주몽은 뒤늦게 찾은 아들을 태자로 삼았습니다.

주몽은 기원전 19년에 마흔 살의 나이로 세상을 떠났습니다. 그 뒤를 이어 왕위에 오른 유리는 아버지의 시호를 '동명성왕'이라고 하여 그 업적을 기렸습니다.

고구려에서는 해마다 10월에 '동맹'이라는 제천 의식을 가졌는데, 이때 모든 부족이 한 자리에 모여 나랏일을 의논하고 제사를 통해 주몽과 유화 부인의 넋을 위로했다고 합니다.

(출전 : 《삼국유사》, 《삼국사기》)

 백제 건국 신화

백제를 세운 온조

고구려를 세운 주몽이 세상을 떠나자 유리가 그 뒤를 이어 왕위에 올랐습니다. 이때가 바로 기원전 19년이었습니다.

유리왕에게는 배다른 동생이 두 명 있었는데 비류와 온조가 그들입니다.

비류와 온조는 동부여를 떠나 졸본 부여에 나라를 세운 주몽이 새 왕비를 얻어 낳은 자식들이었습니다. 그 중에서 온조는 큰 몸집에 성품이 효성스럽고 우애가 있었으며 말타기와 활쏘기를 잘했습니다.

주몽은 동부여에 두고 온 아들 유리가 찾아오자 그를 태자로 삼았습니다. 그리하여 유리는 고구려의 제2대 왕이 되었습니다.

이렇게 되자 비류와 온조는 불안해졌습니다. 유리왕이 자신들의 울

타리가 되어 줄 것 같지 않았기 때문입니다.

"온조야, 아버지가 돌아가신 뒤 우린 찬밥 신세가 되었구나. 이렇게 사느니 차라리 이곳을 떠나자. 남쪽으로 내려가 우리끼리 마음 편하게 살자꾸나."

"좋습니다, 형님. 고구려를 떠나 우리가 살 땅을 찾아봅시다."

비류와 온조는 곧 여장을 꾸려 오간, 마려 등 충성스러운 신하 열 명과 함께 길을 떠났습니다.

그들은 남쪽으로 향했습니다. 길을 가는 동안 많은 백성들이 따랐습니다.

일행은 한산(지금의 경기도 광주)에 이르러 부아악(삼각산)에 올라갔습니다. 그리고 어디 살 만한 곳이 있나 지형지세를 살폈습니다.

이때 비류가 시큰둥한 얼굴로 말했습니다.

"나는 산이 싫어. 산 넘어 산이니 힘들고 답답해서 어디 살겠나. 나는 바닷가에서 살고 싶어. 맛있는 생선을 실컷 먹을 수 있으니 얼마나 좋아."

오간이 말했습니다.

"비류 왕자님, 이 하남이 얼마나 좋은 곳인지 아십니까? 저기 북쪽을 보십시오. 한수(한강)가 유유히 흐르고 있고 동쪽으로는 높은 산이 우뚝 솟아 있습니다. 그리고 남쪽으로는 기름진 들판이 펼쳐져 있으며, 서쪽에는 큰 바다가 있습니다. 이곳이야말로 좀처럼 얻기 힘든 천

연 요새입니다. 여기에 도읍을 정한다면 아무도 우리나라를 넘보지 못할 것입니다."

"저희들도 같은 의견입니다."

신하들은 너나할것없이 이곳에 나라를 세워야 한다고 말했습니다.

온조가 비류에게 말했습니다.

"형님, 제가 보기에도 이만한 곳은 두 번 다시 찾기 어려울 것 같습니다. 여기에 도읍을 정하도록 하지요."

그러나 비류는 고개를 저었습니다.

"나는 싫다. 바닷가에 가서 살련다."

비류는 제 의견을 끝까지 주장했습니다. 아무도 비류의 고집을 꺾을 수가 없었습니다.

비류는 자신을 따르는 백성들을 데리고 서쪽으로 향했습니다. 서해안에 면한 미추홀(지금의 인천)에 다다른 비류는 이곳에서 살기로 마음먹었습니다.

그러나 미추홀은 사람 살 곳이 못 되었습니다. 물이 짜고 땅이 습해서 편안히 살 수가 없었습니다.

이렇게 되자 백성들에게서 불평의 소리가 터져 나왔습니다.

"마실 물이 있나, 농사를 제대로 지을 수가 있나……. 이런 곳에서 어떻게 살라는 거야?"

"잘못했어. 온조 왕자님을 따라가는 건데……. 온조 왕자님은 하남

위례성에 도읍을 정하고 '십제'라는 나라를 세우셨대."

"십제? 열 명의 신하가 보필한다고 해서 나라 이름을 그렇게 지었나?"

"물론이지. 그런데 땅이 얼마나 기름지고 좋은지, 백성들이 실컷 먹으며 배를 두드리며 산다는 거야."

"그래? 온조 왕자님을 따라간 사람들은 정말 좋겠다."

비류도 미추홀에 온 것을 몹시 후회하고 있던 참에 하남 위례성에 대한 소문을 들었습니다.

비류는 곧 하남 위례성에 가 보았습니다. 소문대로 태평성대를 누리고 있었습니다.

비류는 탄식했습니다.

"아, 신하들과 아우의 말을 들을 것을……. 내가 어리석었구나."

비류는 자신을 질책하며 미추홀로 돌아와서는 얼마 뒤에 스스로 목숨을 끊고 말았습니다.

비류의 백성들은 곧 미추홀을 떠나 하남 위례성으로 가서 온조의 백성이 되었습니다. 온조는 백성들이 돌아와 기쁘다며 나라 이름을 '백제'로 고쳤습니다.

백제의 시조 온조왕은 나라의 영토를 넓혀 나가기 시작했습니다. 그리하여 기원전 6년에는 백제의 영토가 남으로는 웅천(공주), 북으로는 패하(예성강), 그리고 동으로는 주양(춘천), 서로는 바다에 이르렀습니다.

기원전 5년, 서울을 남한산으로 옮긴 온조는 기원후 9년에 마한을 멸망시켰으며, 10년에는 아들 다루를 태자로 삼았습니다.

(출전 : 《삼국사기》)

 신라 건국 신화

신라를 세운 박혁거세

　옛날 한반도 남쪽에 있는 진한 땅에는 여섯 마을이 있었습니다.
　첫째 마을은 서라벌(지금의 경주) 동쪽에 있는 알천 양산촌이었습니다. 이 마을의 우두머리는 하늘나라에서 표암봉으로 내려온 이알평으로 급량부 이씨의 시조가 되었습니다.
　둘째 마을은 서라벌 남쪽에 있는 돌산 고허촌이었습니다. 이 마을의 우두머리는 하늘나라에서 형산으로 내려온 정소벌도리로 사량부 정씨의 시조가 되었습니다.
　셋째 마을은 서라벌 서쪽에 있는 무산 대수촌이었습니다. 이 마을의 우두머리는 하늘나라에서 이산(계비산)으로 내려온 손구례마로 점량부 또는 모량부 손씨의 시조가 되었습니다.

넷째 마을은 서라벌 동남쪽에 있는 취산 진지촌이었습니다. 이 마을의 우두머리는 하늘나라에서 화산으로 내려온 최지백호로 본피부 최씨의 시조가 되었습니다.

다섯째 마을은 서라벌 동북쪽에 있는 금산 가리촌이었습니다. 이 마을의 우두머리는 하늘나라에서 명활산으로 내려온 배지타로 한기부 배씨의 시조가 되었습니다.

여섯째 마을은 가리촌보다 더 올라간 서라벌 동북쪽에 있는 명활산 고야촌이었습니다. 이 마을의 우두머리는 하늘나라에서 서라벌 북쪽의 금강산으로 내려온 설호진으로 습비부 설씨의 시조가 되었습니다.

기원전 69년 3월 초하룻날, 여섯 마을의 우두머리는 아들들을 데리고 알천의 언덕에 모여 앉았습니다. 머리를 맞대고 회의를 하기 위해서였습니다.

이알평이 먼저 입을 열었습니다.

"우리에게는 백성들을 다스릴 임금이 없습니다. 그러다 보니 백성들은 제멋대로 행동하기 일쑤입니다. 이들을 바로잡으려면 우리에게도 임금이 있어야 합니다."

"옳습니다. 덕망이 높은 분을 찾아 내어 임금으로 모시도록 하지요."

"그래요. 임금을 맞아들여 나라를 세우도록 합시다."

다섯 마을의 우두머리는 이알평의 의견에 모두 찬성했습니다. 그리하여 임금을 모시고 나라를 세우기로 했습니다.

배지타가 의견을 내놓았습니다.

"나라를 세우려면 먼저 도읍지를 정해야지요. 어디가 좋을지 높은 곳에 올라가 찾아보도록 합시다."

"좋아요. 그렇게 하지요."

여섯 마을의 우두머리는 자리를 털고 일어나 산꼭대기로 올라갔습니다. 그리고 눈을 크게 뜨고 사방을 둘러보았습니다.

그때 손구례마가 남쪽을 가리키며 소리쳤습니다.

"저기 좀 보세요. 이상한 기운이 하늘에서 내려와 양산 기슭을 비추고 있어요."

"정말 그렇네. 마치 하얀 비단을 내리까는 것 같은걸."

"앗! 저, 저기 하늘에서 말 한 마리가 내려와요."

"헉! 정말이네."

우두머리들은 말이 나정 우물가 풀숲으로 내려앉는 것을 보았습니다. 눈이 부시도록 하얀 말이었습니다.

"도대체 이게 어찌 된 일이죠?"

"빨리 저 말이 있는 곳으로 가 봅시다."

여섯 마을의 우두머리는 양산 기슭으로 달려갔습니다.

나정 우물가 풀숲을 헤치니 하얀 말이 꿇어 앉아 절을 하고 있었습니다. 말 앞에는 자줏빛 알이 놓여 있었습니다.

하얀 말은 사람들을 보더니 '히히힝!' 하고 큰 소리로 한번 울고는 재빨리 하늘로 올라갔습니다.

여섯 마을의 우두머리는 신기한 듯 알을 만져 보았습니다.

"알이 따뜻해요. 이렇게 큰 알이 있다니 놀랍군요."

"알이 아니라 꼭 박처럼 생겼군요. 알 속에는 무엇이 들어 있을까요?"

"글쎄요, 알을 한번 갈라 볼까요?"

여섯 마을의 우두머리는 알을 갈라 보았습니다. 그랬더니 알에서 잘생긴 남자아이가 나오는 것이었습니다.

"허허, 어떻게 이런 일이……."

"하느님이 우리에게 보내 주신 아기가 틀림없어요. 나중에 임금으로 모시라고요."

"그렇군요. 하느님의 뜻을 받들어 아기를 고이 모셔야겠어요."

여섯 마을의 우두머리는 아기를 동천이란 샘에 데려가서 맑은 물로 깨끗이 씻겼습니다. 그러자 아기의 몸에서는 번쩍번쩍 빛이 났습니다.

숲 속에 사는 새와 짐승들이 빛을 보고 모여들었습니다. 이들은 아기 주위를 돌며 즐겁게 춤을 추었습니다. 그뿐만이 아니었습니다. 하늘과 땅도 춤을 추듯 흔들리고 해와 달도 더욱 밝은 빛을 내보냈습니다.

정소벌도리가 기쁜 얼굴로 말했습니다.

"새와 짐승뿐 아니라 하늘과 땅, 해와 달까지 아기의 탄생을 기뻐하는군요. 이 아기는 우리나라뿐 아니라 온 세상을 밝게 다스릴 분이에

요. 그러니 이름을 '혁거세'라고 짓도록 하지요. '밝은 빛으로 세상을 다스린다'는 뜻을 담아서요."

최지백호가 이어서 말했습니다.

"혁거세, 좋은 이름입니다. 아기가 박처럼 생긴 알에서 나왔으니 성은 '박'으로 정하지요."

그리하여 아기는 박혁거세로 불리게 되었습니다.

"임금이 되실 분을 얻었으니 이제는 왕비가 되실 분을 찾아야 하지 않을까요?"

이알평이 이렇게 말하자 다른 마을의 우두머리들도 고개를 끄덕였습니다.

"그래요. 우리가 나서서 좋은 배필을 구해 드려야지요."

그런데 이 말이 떨어지기 무섭게 또다시 신기한 일이 벌어졌습니다. 사량리에 있는 알영정이란 우물가에 계룡(닭 모습을 한 용) 한 마리가 나타난 것이었습니다. 계룡은 왼쪽 옆구리로 여자아이 하나를 낳고는 하늘로 날아올랐습니다.

여자아이는 얼굴은 이쁜데 입술이 닭의 부리처럼 뾰족했습니다. 한 할머니가 여자아이를 월성 북쪽의 냇가로 데려가 몸을 씻기자 부리가 빠지고 고운 입술이 나타났습니다. 할머니는 여자아이를 알영정에서 주웠다고 '알영'이란 이름을 지어 주었습니다.

여섯 마을의 우두머리는 이러한 알영에 대한 소문을 들었습니다.

"알영이란 여자아이는 하느님이 보내 주신 아이가 틀림없어요. 장차 임금이 될 박혁거세의 왕비감으로요."

"그 여자아이도 우리가 모셔 옵시다."

여섯 마을의 우두머리는 알영을 데려와서는 남산 서쪽 기슭에 궁전을 짓고 박혁거세와 알영을 정성껏 길렀습니다.

박혁거세는 무럭무럭 자라 열세 살에 임금이 되었습니다. 그는 나라 이름을 '서라벌'이라 하고 알영을 왕비로 삼았습니다. 이때가 기원전 57년이었습니다. 나라 이름은 뒷날 '신라'로 바뀌었습니다.

박혁거세는 61년 동안 나라를 다스렸습니다.

그런데 나라를 다스리는 일이 여간 어려운 것이 아니었습니다. 그래서 박혁거세는 문제가 생기면 말을 타고 하늘나라로 올라가 도움을 받곤 했습니다.

한 궁녀가 이 사실을 알고는 박혁거세에게 사정했습니다.

"임금님, 하늘나라에 가실 때 저도 데려가 주세요. 하늘나라를 구경하고 싶어요."

박혁거세는 고개를 저었습니다.

"하늘나라는 이 세상 사람이 살아서 갈 수 없는 곳이다. 나처럼 하늘나라에서 내려왔으면 또 모르지만……."

박혁거세는 궁녀의 부탁을 거절했습니다.

그러나 궁녀는 포기하지 않았습니다. 마법을 부려 파리로 둔갑하고는 박혁거세의 말꼬리에 붙어 기어코 하늘나라로 가고야 말았습니다.

하지만 옥황상제의 눈을 속일 수는 없었습니다.

옥황상제는 노발대발하여 박혁거세를 크게 꾸짖었습니다.

"세상 사람을 하늘나라에 데려와? 용서할 수 없다. 너는 큰 죄를 지었으니 네 영혼은 이곳에 남고 네 몸만 인간 세상으로 돌아가라."

박혁거세는 몸이 다섯 토막으로 잘려진 채 인간 세상으로 떨어졌습니다.

알영은 이것을 보고 충격을 받아 그 자리에서 죽어 버리고 말았습니다.

신하들도 크게 슬퍼하며 왕과 왕비의 장례를 치르려고 했습니다. 그런데 박혁거세의 토막 난 몸을 한데 모아 무덤을 만들려고 하자 난데없이 큰 구렁이 한 마리가 나타났습니다. 구렁이는 사람들을 쫓으며 무덤을 만들지 못하도록 훼방을 놓았습니다.

신하들은 어쩔 수 없이 박혁거세의 토막 난 몸을 따로 묻어 다섯 개의 무덤을 만들었는데, 이 무덤이 박혁거세의 능인 '오릉'입니다.

구렁이가 나타났다고 해서 '사능'이라고도 불리는 이 능은 경주의 화엄사 북쪽에 있답니다.

(출전 : 《삼국유사》, 《삼국사기》)

 가야 건국 신화

수로왕과 허황옥

옛날 한반도 남쪽에 있는 가야 지역은 나라 이름도, 임금도, 신하도 없었습니다. 다만 아홉 마을로 나뉘어 아도간, 여도간, 피도간, 오도간, 유수간, 유천간, 신천간, 오천간, 신귀간 등 아홉 명의 우두머리가 백성들을 다스리고 있었습니다. 백성들은 모두 칠만 오천 명이었습니다.

기원전 42년 3월, 어느 날이었습니다. 농사를 앞두고 동쪽 개울에서 몸을 깨끗이 씻은 아홉 명의 우두머리와 백성들은 북쪽의 구지봉으로 갔습니다. 풍년을 비는 제사를 지내기 위해서였습니다.

이들이 정성껏 준비한 음식을 제단에 차려 놓았을 때 어디선가 이런 소리가 들렸습니다.

"거기에 누가 있느냐? 사람이 있느냐, 없느냐?"

그 자리에 모인 사람들은 깜짝 놀랐습니다. 사람의 모습은 보이지 않고 허공에서 이상한 소리만 들려왔기 때문입니다.

"왜 아무 대답이 없느냐? 거기에 사람이 있느냐니까!"

아홉 명의 우두머리는 허둥지둥 대답했습니다.

"예, 저희들이 여기 있습니다. 사람들입니다."

"거기가 어디냐?"

"여기는 구지봉 아래입니다."

"너희들은 내 말을 잘 들어라. 하느님께서는 내게 이곳에 나라를 세우고 임금이 되라는 명령을 내리셨다. 구지봉 꼭대기의 흙을 파면서 이런 노래를 불러라.

거북아, 거북아.
머리를 내밀어라.
내밀지 않으면
잡아서 구워 먹겠다.

이 노래를 부르며 신나게 춤을 추어라. 그러면 너희들은 임금을 맞이하게 될 것이다."

아홉 명의 우두머리는 시키는 대로 구지봉 꼭대기에 올라가 흙을 파면서 노래하고 춤을 추었습니다. 그러자 하늘에서 자줏빛 줄이 내

려왔는데, 그 줄 끝에는 붉은 비단 보자기에 싸인 황금 상자가 매달려 있었습니다.

아홉 명의 우두머리는 붉은 비단 보자기를 풀고 황금 상자를 열었습니다. 그랬더니 그 안에는 둥근 황금알이 여섯 개나 들어 있었습니다. 사람들은 두렵고 떨리는 마음으로 황금 상자 앞에 무릎을 꿇고는 황금알들을 향해 수없이 절을 했습니다.

아홉 명의 우두머리는 황금 상자를 아도간의 집에서 보관하기로 하고 각자 집으로 돌아갔습니다.

다음 날, 아도간의 집에 다시 모인 우두머리들은 황금 상자를 열어 보았습니다.

"앗!"

그들의 눈이 화등잔만 해졌습니다. 여섯 개의 황금알은 온데간데없고 여섯 명의 남자아이가 상자 속에 앉아 있었던 것입니다. 남자아이들은 모두 씩씩하게 생겼습니다. 우두머리들은 이들을 상 위에 앉히고는 공손히 절을 했습니다.

"우리들의 임금이시여, 잘 오셨습니다."

남자아이들은 빠르게 자라 십여 일이 지나자 거인으로 변해 있었습니다. 그 중에서도 알에서 가장 먼저 나온 아이는 키가 무려 9척(약 2.7m)이나 되었습니다.

우두머리들은 이 아이 이름을 황금알에서 가장 먼저 나왔다고 하여

'수로'라 지었고 김씨 성을 붙여 주었습니다.

　우두머리들은 김수로를 임금으로 모셨습니다. 이 사람이 바로 수로왕으로 뒷날 '금관가야'로 불리는 대가락 또는 가야국을 다스렸습니다.

　수로왕과 함께 알에서 다섯 사람도 나온 대가야, 성산가야, 아라가야, 소가야, 고령가야인 다섯 가야의 임금이 되었습니다.

　수로왕이 왕 위에 오른 지 3년째 되는 해였습니다.

　가야국에 석탈해라는 젊은이가 찾아왔습니다. 석탈해는 완하국 함달왕의 아들이었습니다.

　그는 궁궐로 쳐들어와 수로왕에게 말했습니다.

　"임금 자리를 내놓아라. 말을 듣지 않으면 강제로 빼앗을 것이다."

　수로왕이 말했습니다.

　"하느님은 나를 임금 자리에 앉히셨다. 태평성대를 누리어 백성들이 잘사는 나라를 만들라고 말이다. 그런데 내가 어떻게 하느님의 명을 어기고 네게 임금 자리를 넘겨주겠느냐?"

　수로왕이 거절하자 석탈해가 한 가지 제의를 했습니다.

　"그럼 나와 도술 시합을 하지 않겠나? 내가 진다면 깨끗이 물러가겠지만 그대가 진다면 내게 임금 자리를 넘겨라."

　"좋다. 상대해 주지."

　수로왕과 석탈해는 도술 시합을 벌였습니다.

석탈해가 도술을 부려 매로 변했습니다. 그러자 수로왕은 독수리가 되어 매를 쫓았습니다. 불리해진 석탈해는 참새로 변해 풀숲에 숨었습니다. 그러나 수로왕은 눈 밝은 새매가 되어 참새를 잡았습니다.

석탈해가 본래의 모습으로 돌아와 말했습니다.

"제가 졌습니다. 약속대로 깨끗이 물러가지요."

석탈해는 풀이 죽은 모습으로 궁전을 떠났습니다.

수로왕이 왕 위에 오른 지 어느새 7년이 지났습니다. 그러나 수로왕은 그때까지도 결혼을 하지 않아서 왕비가 없었습니다.

아홉 명의 신하들이 수로왕을 찾아와서 말했습니다.

"임금님, 왜 결혼을 안 하십니까? 왕비가 없는 나라는 우리나라밖에 없을 겁니다. 마땅한 배필이 없으시면 저희들에게 맡기십시오. 저희들 딸들 가운데 가장 아름다운 처녀를 골라 임금님께 바치겠습니다."

하지만 수로왕이 단호하게 말했습니다.

"싫소. 나는 하늘에서 내려왔으니 내 짝도 하느님이 구해 주실 것이오. 그러니 그대들은 너무 걱정하지 마시오."

그러던 어느 날이었습니다. 수로왕이 신하들을 불러 명했습니다.

"유천간은 배와 말을 이끌고 망산도에 가서 기다리시오. 그리고 신귀간은 승점 고개에 가 있으시오."

망산도에 간 유천간이 바다를 보고 있다가 갑자기 소리쳤습니다.

"배가 온다! 횃불을 올려라!"

유천간은 바다 서남쪽에서 붉은 깃발을 휘날리며 다가오는 배를 본 것입니다. 그것은 허황옥 공주 일행의 배였습니다.

허황옥은 인도 아유타국의 공주입니다.

아유타국의 왕은 허황옥을 몹시 사랑하여 딸이 태어났을 때 이렇게 결심했습니다.

'세상에서 가장 훌륭한 신랑감을 구해 줘야지.'

그래서 언제부턴가 똑똑한 사내아이를 보면 눈여겨보는 버릇이 생겼습니다.

허황옥이 열여섯 살이 되자 왕은 사윗감을 찾아 발벗고 나섰습니다. 하지만 마음에 드는 젊은이를 찾을 수가 없었습니다.

어느 날, 왕은 잠자리에 들었다가 희한한 꿈을 꾸었습니다. 하느님이 바람처럼 나타나 이렇게 말하는 것이었습니다.

"공주를 배에 태워 가야국으로 보내라. 가야국에는 내가 하늘에서 내려 보내 임금이 된 김수로가 있다. 그가 아직 신부를 얻지 못했으니 공주를 보내 그와 결혼시켜라."

다음 날 아침, 왕은 꿈이 하도 이상해 왕비에게 그 내용을 이야기해 주었습니다. 그러자 왕비도 깜짝 놀라며 이렇게 말했습니다.

"어머나! 나도 똑같은 꿈을 꿨는데……."

그러니까 하느님은 부부의 꿈에 모두 나타났던 것입니다.

왕과 왕비는 하느님의 뜻을 거스를 수 없었습니다. 그래서 허황옥을 가야국으로 보내기로 하고 항해 준비를 서둘렀습니다.

신보, 조광 등 왕이 가장 신임하는 신하 두 명과 그들의 아내 모정, 모량, 그리고 시종, 노비 스무 명이 따라가기로 했습니다.

허황옥 일행은 배 안에 금은보화와 비단, 옷 등을 가득 싣고 인도를 출발했습니다. 아유타국에서 가야국까지는 뱃길로 이만 오천 리였습니다.

공주 일행이 가야국에 도착해 배에서 내리자, 그 소식이 수로왕에게 전해졌습니다.

"귀한 분들이 왔으니 대궐로 모셔 오너라."

수로왕의 명령에 따라 신하들이 허황옥에게 가서 그를 대궐로 모셔 가려고 했습니다. 그러자 허황옥은 엄한 표정을 지으며 말했습니다.

"물러가시오. 그대들이 누구인지 전혀 모르는데 어찌 함부로 따라갈 수 있겠소?"

신하들이 수로왕에게 가서 허황옥의 말을 그대로 전했습니다. 그제야 수로왕은 대궐에서 나와 허황옥을 만나러 갔습니다.

허황옥은 수로왕을 만나자마자 정중하게 말했습니다.

"저는 인도의 아유타국에서 온 허황옥 공주입니다. 하느님이 부모님의 꿈에 나타나 저를 가야국 왕의 신부로 보내라 하셨습니다. 그래서 제가 이렇게 찾아왔습니다."

수로왕이 말했습니다.

"나는 당신이 먼 곳에서 올 줄을 미리 알고 있었소. 그래서 신하들의 청도 물리치고 당신만을 기다리고 있었던 거요."

수로왕과 허황옥은 바로 결혼식을 올렸습니다.

허황옥은 백성들을 자식처럼 사랑했습니다. 그리하여 모든 백성이 허황옥을 존경하고 우러러보았습니다.

백오십칠 세에 허황옥이 세상을 떠났을 때, 백성들은 땅이 무너진 것처럼 슬퍼했습니다. 수로왕 역시 날마다 슬픔에 젖어 지내다가, 그로부터 십 년 뒤에 조용히 숨을 거두었습니다.

(출전 : 《삼국유사》)

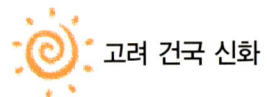 고려 건국 신화

삼국을 통일한 왕건과 왕건의 조상 이야기

고려를 세운 태조 왕건의 조상 가운데 '호경'이란 사람이 있었습니다. 그는 백두산 기슭에 살았는데 힘이 세고 활을 잘 쏴서 날마다 숲 속을 헤매 다니며 사냥을 했습니다.

어느 날, 호경은 한반도의 아름다운 땅을 두루 구경하고 싶어졌습니다. 그래서 백두산을 떠나 전국 방방곡곡을 돌아다녔습니다.

호경은 그렇게 돌아다니다가 마음에 드는 곳이 있으면 정착하여 살 생각이었습니다. 그런데 경기도 개성 땅에 이르러 부소산(지금의 송악산)에 오르니 빼어난 경치가 마음에 들었습니다. 그리고 마을로 내려가 그 주위를 둘러보니 땅이 기름지고 자손대대로 복을 받을 만한 명당 자리였습니다.

호경은 여기에 터를 잡아 살기로 하고 부소산 기슭에 집을 지었습니다. 그리고는 마을 처녀를 아내로 맞아들여 행복하게 살았습니다.

호경은 사냥을 잘해서 살림이 넉넉했습니다. 자식이 없다는 것 말고는 별다른 걱정이 없었습니다.

하루는 호경이 마을 사람들과 평나산으로 사냥을 갔다가 날이 저물게 되었습니다. 깊은 산 속이어서 민가도 눈에 띄지 않았습니다. 그래서 이들은 굴 속에서 하룻밤을 보내기로 했습니다.

그런데 얼마나 잤는지 산을 뒤흔드는 울음소리를 듣고서야 잠에서 깨어났습니다. 그 소리는 다름 아닌 호랑이 울음소리였는데 굴 앞에 호랑이 한 마리가 나타났던 것입니다.

사냥꾼들은 하얗게 질렸습니다. 호랑이가 굴 속으로 뛰어들면 물려 죽을 것이 뻔했습니다.

그때 한 사냥꾼이 말했습니다.

"저 호랑이는 굶주린 호랑이가 틀림없소. 우리 가운데 한 사람이 호랑이 밥이 되어 줍시다. 그래야 나머지 사람들이 살 수 있을 거요."

"옳은 말이오. 누가 호랑이 밥이 될지는 호랑이에게 맡깁시다. 각자 쓰고 있는 모자를 벗어 굴 밖으로 던진 뒤 호랑이가 물어 올리는 모자 주인이 호랑이 밥이 되는 거요."

굴 속에 있는 사람은 모두 열 사람이었습니다. 이들은 모자를 벗어 각자 굴 밖으로 던졌습니다. 그러자 호랑이는 자기 발 앞에 떨어져 있는 모자들을 내려다보더니 호경의 모자를 덥석 물어 올렸습니다.

호경은 앞이 캄캄했습니다. 호랑이 밥이 되지 않으려면 호랑이와 맞서 싸우는 수밖에 없었습니다. 호경은 주먹을 불끈 쥐고 굴 밖으로 나왔습니다. 그런데 그 순간 갑자기 굴이 와르르 무너져 내리는 바람에 굴 안에 있던 사람들이 바위와 흙더미에 모두 묻혀 버렸습니다.

호경이 정신을 차려 보니 호랑이는 어느새 사라지고 없었습니다. 그제야 호경은 자신이 호랑이 덕에 목숨을 건졌음을 깨달았습니다.

마을로 내려온 그는 마을 사람들에게 사고 소식을 알렸습니다. 그리고는 마을 사람들을 데리고 산 속으로 돌아왔습니다.

호경은 마을 사람들과 사냥꾼들의 시신을 거두어 장례를 치르기에 앞서 산신에게 정성껏 제사를 지냈습니다. 그러자 산신이 호경 앞에 나타나 말했습니다.

"놀라지 마세요. 나는 이 산을 다스리는 산신인데 여자의 몸으로 혼자 살아왔어요. 그대를 동굴에서 구한 것도 바로 나였어요. 그것은 그대와 부부의 인연을 맺고 싶었기 때문이에요. 제발 나와 결혼하여 이 산의 대왕이 되어 주세요."

산신은 이렇게 말한 뒤 호경을 업고 연기처럼 사라졌습니다.

이 모습을 본 마을 사람들은 호경을 '대왕'이라 부르며 사당을 세워 제사를 지내 주었습니다. 그리고 평나산의 이름을 아홉 사람이 한꺼번에 죽었다 하여 '구룡산(九龍山)'으로 바꾸었습니다.

호경은 이 산의 대왕으로서 산신의 남편이 되었지만 집에 있는 아내를 잊지 못했습니다. 그래서 밤마다 몰래 아내를 찾아와 같이 지내다 돌아오곤 했습니다. 그러는 동안 두 사람 사이에 아들이 태어나게 되었습니다. 호경은 크게 기뻐하며 아들에게 '강충'이란 이름을 지어 주었습니다.

강충은 아버지를 닮아 재주가 뛰어나고 힘이 셌습니다. 세월이 흘러 훌륭한 젊은이로 자라난 강충은 부잣집 딸인 구치의와 결혼해 두 아들을 얻었습니다. 첫째 아들이 이제건, 둘째 아들이 손호술이었습니다.

강충은 부소산 북쪽에 살았는데 신라의 이름난 지관인 팔원에게 이런 말을 들었습니다. 부소산 남쪽으로 옮겨와 살며 소나무를 많이 심으면 장차 삼한을 통일할 왕이 태어난다는 것이었습니다. 그리하여 강충은 부소산 남쪽으로 이사를 하고 온 산에 소나무를 빽빽이 심어 숲을 만들었습니다. 그리고 부소산을 '송악산'이라 부르게 하고 부소군도 '송악군'으로 이름을 바꾸었습니다. 강충은 뒷날 송악군 상사찬 벼슬에 오르게 되었습니다.

그 후, 강충의 둘째 아들 손호술은 지리산으로 들어가 스님이 되어 '보육'이란 이름을 얻었습니다.

보육은 평나산 북쪽 기슭에서 살다가 '마가갑'이란 곳으로 이사를 했는데 하루는 희한한 꿈을 꾸었습니다.

꿈 속에서 보육은 곡령 고개에 올라 산 밑을 굽어보고 있었습니다. 그런데 별안간 오줌이 마려워 견딜 수가 없었습니다. 그래서 보육은 남쪽을 향해 서서 오줌을 누었는데 오줌이 폭포수처럼 멈추지 않고 계속 쏟아져 나왔습니다. 한참 동안 오줌을 누고 나니 산 전체가 오줌에 잠겨 버릴 정도였습니다.

보육은 오줌으로 인해 바다처럼 변한 산을 내려다보다가 잠이 깼습니다.

그는 꿈이 하도 신기해서 형인 이제건을 찾아가서 자신의 꿈 이야기를 들려주었습니다. 그랬더니 이제건이 깜짝 놀라며 이렇게 말하는 것이었습니다.

"정말 신비로운 꿈을 꾸었구나. 이제 너는 하늘을 섬길 뛰어난 아들을 얻게 될 것이다."

보육은 형의 말을 듣고 웃음을 터뜨렸습니다.

"형님도 참, 저는 아직 장가도 가지 않았는걸요."

"아, 참! 그렇지. 내가 미처 그 생각을 못했구나. 꿈이 아까워서 빨리 장가를 들어야 하는데……."

이제건은 잠시 생각에 잠기더니 입을 열었습니다.

"그럼, 내 딸 덕주와 혼례를 치르는 게 어떻겠느냐?"

"알겠습니다."

그리하여 보육은 덕주를 아내로 맞이하게 되었습니다.

그로부터 몇 년 후, 한 신라 사람이 보육이 살고 있는 마가갑을 찾아왔습니다. 그런데 그는 보육을 보자마자 대뜸 이런 말을 하는 것이었습니다.

"집터가 무척 좋군요. 여기서 오래 살면 당나라 천자(황제를 달리 이르는 말)를 사위로 맞이한 것입니다."

하지만 보육은 딸이 없었기 때문에 그 말을 믿지 않았습니다. 그런데 신라 사람의 말은 허튼 소리가 아니었습니다. 얼마 뒤, 보육은 딸을 둘이나 낳게 되었습니다.

두 딸 중 동생인 진의는 얼굴이 예쁘고 총명한데다가 재주가 많았습니다.

어느 날, 진의의 언니가 신기한 꿈을 꾸었습니다. 꿈 속에서 혼자 오관산에 올랐다가 오줌을 누게 된 것입니다. 그런데 오줌을 얼마나 많이 누었는지 온 천지가 오줌으로 가득 찬 꿈이었습니다.

언니는 아침에 일어나자마자 진의에게 꿈 이야기를 했습니다. 그러자 진의는 눈을 반짝이며 언니의 이야기를 듣고 난 뒤, 이렇게 말했습니다.

"언니, 내 비단 치마를 갖고 싶다고 했지? 언니의 꿈과 내 비단 치마를 맞바꾸지 않겠어?"

"내 꿈을 너한테 팔란 말이구나?"

"그래, 비단 치마를 얻게 되니까 언니한테도 좋은 일이잖아."

"좋아. 비단 치마를 가져오면 꿈을 넘겨줄게."

그러자 진의는 비단 치마를 가지고 와서 언니에게 건네주었습니다.

"언니, 그럼 처음부터 다시 꿈 이야기를 해 줘. 그러면 내가 그 이야기를 넘겨받을 테니까."

진의가 시키는 대로 언니는 꿈 이야기를 시작했습니다. 그러자 진의는 두 손을 내밀어 뭔가를 가슴에 품는 시늉을 세 번 했습니다.

"뭐 하는 거니?"

"응, 언니의 꿈 이야기를 받아 가슴에 품는 거야."

진의는 의식을 끝내자 몸 속에 무언가 들어와서 꿈틀대는 것 같은 느낌을 받았습니다.

그 무렵, 송악군에는 중국에서 손님이 찾아왔습니다. 당나라 왕자(후에 당나라 숙종이 됨)가 왕의 자리에 오르기 전에 이곳 저곳 여행을 하다가 바다를 건너 고구려까지 오게 된 것이었습니다.

그런데 송악군에서는 보육의 집이 가장 크고 으리으리했기 때문에 당나라 왕자는 보육의 집에서 하룻밤을 묵어 가게 되었습니다.

보육의 집에서 성대한 대접을 받은 당나라 왕자는 보육의 두 딸을 보고 가슴이 설레었습니다.

'오, 참으로 아름다운 처녀들이로구나.'

당나라 왕자는 보육의 딸들과 이야기를 나누고 싶어 보육에게 이렇게 청했습니다.

"따님들을 좀 불러 주십시오. 꿰매야 할 옷이 있거든요."

"그러지요."

보육은 당나라 왕자가 귀한 손님이란 걸 한눈에 알아보았습니다.

'혹시 이분이 언젠가 신라 사람이 말했던 당나라 천자가 아닐까?'

보육은 먼저 큰딸을 손님방으로 보냈습니다. 그런데 큰딸은 문지방을 넘다가 갑자기 넘어지는 바람에 코피를 쏟게 되어 손님방에서 나와야 했습니다.

그러자 보육은 진의를 들여보냈는데 당나라 왕자는 진의에게 한눈에 반했습니다. 당나라 왕자는 다음 날 떠날 예정이었지만 떠나지 않고 몇 달 동안이나 보육의 집에서 진의와 함께 지냈습니다.

두 사람은 서로 사랑하게 되어 아들까지 낳게 되었다고 합니다. 그 아이가 바로 왕건의 할아버지인 '작제건'입니다.

작제건이 태어나기 전, 당나라 왕자는 자신의 나라로 떠나기 전 날에 진의에게 활과 화살을 주며 말했습니다.

"아들을 낳으면 이것을 꼭 전해 주시오. 당신과 함께 한 몇 달을 평생 잊지 못할 것이오."

작제건은 아버지 없이도 씩씩하게 잘 자라 어려서부터 지혜롭고 용맹스러웠으며 글쓰기와 활쏘기에도 뛰어난 재능을 보였습니다.

작제건이 열여섯 살이 되자 어머니는 아버지가 남기고 간 활과 화살을 아들에게 주었습니다. 활과 화살을 받은 작제건은 더욱 열심히 활을 쏘았고 '신궁'이라 불릴 만큼 무엇이든 쏘아 맞힐 수 있었습니다.

작제건은 당나라에 계신 아버지를 만나고 싶었습니다.

어느 날, 당나라 장삿배를 얻어 타고 드디어 당나라를 향해 떠나게 되었습니다. 하지만 뱃길은 평탄치 않았습니다. 바다 한가운데에 이르자 폭풍우가 몰아쳐 사흘 동안 바다를 표류해야 했습니다.

선원 가운데에 점쟁이가 점을 쳐 보더니 이렇게 말했습니다.

"용왕님이 노하셨어요. 이 배에 다른 나라 사람이 타고 있다구요. 그 사람을 재물로 바쳐야 바다가 잔잔해질 거예요."

이 말에 어쩔 수 없이 작제건이 바다로 뛰어들어 희생 제물이 되어야 했습니다. 바다로 뛰어든 작제건은 다행히 바다 밑에 있는 커다란 바위 위에 올라서서 목숨을 건질 수 있었습니다.

바다는 작제건이 바다로 뛰어드는 순간 신기하게도 잔잔해졌습니다. 배도 뱃길을 찾아 쏜살같이 사라졌습니다.

그때 작제건 앞에 한 노인이 나타났습니다.

"놀랄 것 없소. 나는 서해 용왕이오. 그대에게 부탁할 일이 있는데 늙은 여우를 잡아 주시오. 여우란 놈이 부처님으로 변해서 바다를 어지럽히고 있소. 그놈이 나타나 꽹과리와 북을 치며 불경을 외우면 나는 머리가 쪼개질 듯이 아프다오. 제발 그놈을 활로 쏘아 죽여 주시오."

작제건은 서해 용왕의 청을 들어주기로 하고 늙은 여우가 나타나기를 기다렸습니다.

저녁때가 되자 하늘 저편에서 꽹과리와 북을 치는 소리가 들려왔습니다. 하늘을 올려다보니 부처님이 잔잔한 미소를 지으며 걸어 내려오고 있었습니다.

부처님이 불경을 외우기 시작하자 노인은 두 손으로 귀를 막으며 다급하게 소리쳤습니다.

"저놈은 부처님이 아니라 늙은 여우요! 어서 빨리 활을 쏘시오!"

작제건이 얼른 활을 쏘자 화살을 맞고 쓰러진 부처가 어느새 늙은 여우로 변해 죽어 있었습니다.

서해 용왕은 크게 기뻐하며 작제건을 용궁으로 데려가 잔치를 베풀어 주었습니다.

"고맙소, 정말 고맙소. 그대에게 은혜를 갚고 싶은데 당나라에 가서 아버지를 만나겠소? 아니면 일곱 가지 보물을 가지고 집으로 돌아가 어머니를 모시겠소?"

작제건은 잠시 생각하더니 이렇게 대답했습니다.

"어머니가 사는 나라로 가서 왕이 되고 싶습니다."

"그대 집안에서 왕이 나오려면 삼대를 기다려야 하오. 그러니 다른 소원을 말해 보시오."

작제건은 왕이 될 수 없다는 말에 실망했습니다.

그때 작제건 뒤에 앉아 있던 할머니가 웃으며 말했습니다.

"젊은이도 참, 용왕님한테는 아름다운 딸이 있어요. 딸한테 장가들게 해 달라고 하세요."

이 말에 귀가 솔깃해진 작제건은 서해 용왕에게 청하여 사위가 될 수 있었습니다.

어느 날, 용왕의 딸 저민의는 남편이 자신을 데리고 고국으로 돌아가려 하자 이렇게 귀띔했습니다.

"아버지의 보물 가운데는 버드나무 지팡이와 돼지가 있는데, 그것도 달라고 해서 가져가요."

작제건은 아내가 일러 준 대로 일곱 가지 보물에 버드나무 지팡이와 돼지까지 챙겨 고국으로 돌아왔습니다.

고향 사람들은 작제건이 용왕의 사위가 되어 돌아왔다며 영안성을 쌓고 살 집을 마련해 주었습니다.

저민의는 개성 동북쪽 산기슭에 은그릇으로 샘을 파서는 그 물을 길어다 먹곤 했습니다. 그 우물은 지금도 개성에 남아 있는 '대정(큰 우물)'이라고 합니다.

작제건 부부가 영안성에서 일 년쯤 살았을 때였습니다.

어느 날 저녁, 용궁에서 데려온 돼지가 우리 안으로 들어가려고 하지 않자 저민의는 돼지를 집 밖으로 풀어 주며 말했습니다.

"이 집이 마음에 들지 않는 모양이구나. 그럼 네가 살 만한 곳을 찾아보아라."

돼지가 말귀를 알아들었는지 송악산 남쪽 기슭으로 달려가 누웠는데, 이곳은 강충이 살았던 옛 집터였습니다.

작제건과 저민의는 이곳에 집을 짓고 영안성을 왕래하며 30여 년을 살았습니다.

저민의는 새 집으로 이사하자마자 침실 밖에 우물을 파서 이 우물을 통해 서해 용궁을 다녀오곤 했습니다. 작제건은 아내가 어떻게 우물을 통해 용궁으로 갈 수 있는지 궁금했습니다. 아내인 저민의는 남편이 자신의 떠나는 모습을 보면 다시는 집으로 돌아오지 않겠다고 신신당부했지만 호기심을 이기지 못한 작제건은 그만 아내가 우물 속으로 들어가는 모습을 엿보고 말았습니다. 작제건이 그 모습을 바라본 순간, 아내는 오색 구름에 싸인 채 황룡으로 변하여 우물 속으로 사라져 버렸습니다.

작제건이 너무 놀라 입을 떡 벌린 채 서 있는데 우물 밖으로 본래의 모습으로 돌아온 아내가 성난 얼굴로 말했습니다.

"당신은 나와의 약속을 깨뜨렸어요. 당신처럼 신의 없는 사람과는 살 수 없으니 다시는 돌아오지 않겠어요."

작제건의 아내 저민의는 이렇게 말하고 우물 속으로 떠나 버리고 말았습니다.

이 우물은 지금의 광명사 북쪽에 있는 우물이라고 합니다.

작제건은 저민의와의 사이에 네 아들을 두었습니다. 그는 네 아들을 혼자 기르며 쓸쓸히 지내다가 늘그막에 속리산 장갑사에 들어갔는데, 이 절에서 불경을 읽다가 삶을 마쳤다고 합니다.

작제건의 첫째 아들은 '용건'이었습니다. 훗날 이름을 '왕륭'으로 고쳤는데, 이 사람이 바로 왕건의 아버지입니다.

왕륭은 큰 몸집에 멋진 수염을 길렀으며 도량이 넓어서 보는 사람마다 큰 인물이 될 것이라고 했습니다.

총각 때 왕륭은 아름다운 처녀를 만나 사랑을 하고 결혼을 약속하는 달콤한 꿈을 꾸었습니다.

얼마 뒤 왕륭은 송악에서 영안성으로 가는 길에 한 여인과 마주쳤는데 꿈에서 보았던 그 처녀였습니다. 왕륭은 이 여인을 아내로 삼았는데 꿈에서 만났다고 하여 '몽부인'이라고 불렀습니다.

왕륭은 부모님이 지은 집에서 몽부인과 살았습니다.

하지만 집이 낡고 오래되어 새 집을 짓기로 했습니다.

876년 4월의 어느 날, 한 스님이 지나가다가 집 짓는 광경을 보고는 걸음을 멈추고 중얼거렸습니다.

"저런, 기장을 심어야 할 땅에 삼을 심고 있으니……."

이 말을 몽부인이 우연히 듣고는 왕륭에게 그대로 전했습니다.

왕륭은 저만치 앞서 가는 스님을 불러 세웠습니다.

"스님, 무슨 말씀이신지……. 자세히 설명해 주십시오."

"허허, 그냥 해 본 소리올시다. 다른 뜻은 아니고…… 집터가 좀……."

"집터가 어떻단 말씀입니까?"

"집터를 다시 잡아야겠습니다. 서른여섯 채가 들어서도록 동쪽을 향해 널찍하게 잡으십시오. 그래야만 당신 집안에 큰 인물이 태어납니다."

"……."

"아기가 태어나면 그 이름을 '왕건'이라 하시오. 그럼 이만……."

말을 마친 스님은 발길을 돌렸습니다.

"스, 스님! 어느 절에 계시는 뉘신지……."

"'도선'이라 하오. 보시다시피 여기저기 떠돌아다니는 몸……. 인연이 닿으면 또 만날 날이 있겠지요."

왕륭은 멀어져 가는 스님을 멍하니 바라보았습니다.

'아, 저분이 그 유명한 도선 스님이구나. 풍수지리에 밝으시다던데…….'

왕륭은 도선 스님의 말대로 큰 집 서른여섯 채를 지었습니다. 그러자 스님의 예언대로 다음 해에 아기가 태어났습니다. 왕륭은 크게 기뻐하며 이름을 '왕건'이라 지었습니다.

어느덧 왕건이 열일곱 살이 되었을 때 도선 스님이 왕륭을 만나러 왔습니다.

도선 스님은 왕건을 보더니 왕륭에게 말했습니다.

"이 아이를 제가 맡아 가르쳐 보겠습니다."

도선 스님은 왕건을 자신이 몸담고 있는 절로 데리고 가서 왕건에게 병법과 천문 지리, 무술 등을 가르쳤습니다.

2년의 세월이 흘렀습니다.

도선 스님이 왕건에게 말했습니다.

"이제 됐다. 집으로 돌아가거라. 네가 뜻을 펼칠 때가 곧 올 것이다."

왕건은 절을 떠나 송악의 집으로 돌아갔습니다.

그 당시 나라는 몹시 어지러워서 탐관오리들이 백성들을 괴롭히고 곳곳에서 반란이 일어났습니다.

892년 상주 농민 출신인 견훤이 완산주(전주)에서 농민 봉기를 일으켜 무진주(광주)를 점령했고 900년에는 완산주에 입성하여 스스로 왕이라 칭하고 후백제를 세웠습니다.

891년에는 신라의 왕자로서 개풍 흥교사의 중이 되었던 궁예가 '기훤'이란 도둑 밑에 있다가 892년 북원(원주)의 큰 도둑 양길의 부하가 되었습니다. 궁예는 부하 장수로서 인제, 양구, 철원 일대를 점령하는 등 많은 공을 세웠습니다.

이제 양길보다 궁예를 따르는 무리가 더 많아서 무려 1만여 명이나 되었습니다. 궁예는 양길에게서 떨어져 나와 철원 지방을 근거지로 세력을 키워 나갔는데 그 세력이 송악까지 뻗쳤습니다.

이렇게 되자 왕건은 아버지 왕륭의 뜻을 쫓아 함께 궁예 밑으로 들어갔습니다. 궁예는 왕륭을 금성(김화의 금성) 태수로 삼고 왕건에게는 장군의 직분을 주었습니다. 비록 나이가 어렸지만 왕건의 뛰어난 무술 솜씨를 높이 산 것입니다.

왕건은 과연 빼어난 장수였습니다. 899년 북원의 양길을 무찌르더니 900년에는 광주, 충주, 청주, 당성(지금의 남양), 괴양(지금의 괴산) 등을 차례로 점령했습니다. 그리고 903년에는 수군을 이끌고 후백제 땅인 금성을 공격하여 그 일대의 십여 고을을 빼앗았습니다.

이처럼 가는 곳마다 큰 승리를 거두는 왕건의 활약에 힘입어 궁예는 나날이 세력이 커져 갔습니다. 그리하여 901년에는 마침내 나라를

세워 '후고구려'라 하고 스스로 왕이라 칭했습니다.

904년에 궁예는 나라 이름을 '마진'이라 바꾸고, 이듬해 도읍을 송악에서 철원으로 옮겼습니다. 그리고 911년에는 나라 이름을 '태봉'이라 고쳤습니다.

그동안 왕건의 벼슬은 점점 높아져 913년에는 시중에 임명되었는데 이때 그의 나이 서른일곱 살이었습니다.

최고의 관직에 올라 있으면서도 왕건의 얼굴은 늘 어두웠습니다. 궁예가 나랏일은 돌보지 않고 사치스러운 생활을 하거나 성격이 포악해져서 죄 없는 사람들을 마구 죽이는 등 폭군이 되어 가고 있었기 때문입니다.

918년 6월 14일 밤, 신숭겸, 홍유, 복지겸, 배현경 등 네 명의 장군이 왕건의 집을 찾아왔습니다.

"아니, 밤이 깊었는데 장군들이 웬일이오?"

"예, 긴히 의논드릴 일이 있어서……."

왕건 곁에는 유씨 부인이 앉아 있었는데 왕건은 부인에게 자리를 피해 달라는 뜻에서 이렇게 말했습니다.

"부인, 참외 좀 따다 주시오. 잘 익은 놈으로 말이오."

"알겠습니다."

부인은 방에서 나왔습니다.

그러나 곧장 밭으로 가지 않고 비밀 이야기를 엿듣기 위해 문 밖에서 있었습니다.

　신숭겸이 말했습니다.

　"미치광이 임금 때문에 나라 꼴이 말이 아닙니다. 이러다가는 견훤의 후백제에게 나라를 빼앗기고 말 것입니다."

　배현경도 입을 열었습니다.

　"그렇습니다. 나라를 구하고 백성들을 살리려면 지금의 임금을 쫓아 내고 새 임금을 모셔야 합니다."

　"대감! 우리나라를 다스릴 분은 대감밖에 없습니다. 저희들의 임금이 되어 주십시오."

　"만백성의 바람을 외면해서는 안 됩니다. 한시가 급합니다."

　그러나 왕건은 장군들의 간청을 거절했습니다.

　"안 될 말이오. 신하가 임금을 배반하다니 나는 그럴 수 없소."

　"대감! 나라가 망하고 백성이 죽어가는 마당에 의리가 그렇게 중하십니까? 다른 말씀 마시고 제발 우리의 뜻을 받아 주십시오."

　"안 된다고 하지 않소! 내 앞에서 더 이상 그런 말을 하지 마시오!"

　그때였습니다. 유씨 부인이 급히 방 안으로 들어와 말했습니다.

　"대감! 우리의 임금은 폭군입니다. 임금을 잘못 만나 만백성이 괴로움을 당하는데 의리가 무슨 소용이 있습니까? 대감, 지금 기회를 놓쳐서는 안 됩니다. 어서 하늘의 뜻을 따라 주십시오."

　유씨 부인은 건넌방으로 가서 갑옷을 가져왔습니다.

"대감, 시간이 없습니다. 지금 출발하셔야 합니다."

유씨 부인은 이렇게 말하며 왕건에게 갑옷을 입혀 주었습니다.

왕건은 부인의 말을 따르지 않을 수 없었습니다. 모두 다 옳은 말이었기 때문입니다.

그날 밤, 네 장군과 함께 군사를 일으킨 왕건은 궁예를 몰아 내고 왕의 자리에 올랐습니다. 왕건은 나라 이름을 '고려'라 하고 도읍을 송악으로 정했습니다.

935년 11월, 왕건은 항복해 온 신라의 경순왕을 맞아 평화적으로 신라를 합병했습니다. 그리고 다음 해 9월에는 후백제를 멸망시켰습니다.

이렇게 후삼국을 통일한 왕건은 죽기 얼마 전 《훈요 십조》를 썼는데, 그것은 그가 자손들을 훈계하기 위해 남긴 것이었습니다.

태조 왕건은 943년 5월에 세상을 떠났습니다.

(출전 : 《고려사》)

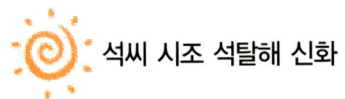 석씨 시조 석탈해 신화

신라의 왕이 된 석탈해

옛날 한반도 동북쪽 바다에 용성국이란 나라가 있었습니다. 이 나라를 다스린 왕은 모두 스물여덟 명이었는데 '함달파'라는 사람이 왕위에 있을 때의 일입니다.

함달파는 적녀국의 공주를 왕비로 맞이했습니다. 하지만 왕과 왕비는 오래도록 자식을 얻지 못해서 걱정이었습니다.

두 사람은 생각다 못해 이름난 산과 큰 내를 찾아다니며 아들을 낳게 해 달라고 무려 7년 동안 단 하루도 거르지 않고 정성스레 기도했습니다.

그리하여 마침내 왕비가 임신을 했는데 아기를 낳고 보니 커다란 알이었습니다.

왕은 너무 놀란 나머지 벌린 입을 다물지 못했습니다.

"왕비가 알을 낳다니 어떻게 이런 일이 생길 수 있단 말인가. 상서롭지 못한 일이니 알을 내다 버려야겠다."

왕은 큰 상자를 만들게 해 그 속에 알을 넣은 뒤 금은보화와 알을 돌봐줄 노비들도 함께 넣었습니다. 그리고는 상자를 배에 실어 바다로 띄워 보냈습니다.

얼마 뒤 어디선가 나타난 붉은 용 한 마리가 바다 한가운데 떠 있는 배를 호위했습니다. 배는 정처 없이 떠내려가 계림 동쪽 하서지촌의 아진포 앞바다에 다다랐습니다.

이곳에는 아진의선이란 할머니가 혁거세왕에게 고기를 잡아 바치며 생계를 꾸려가고 있었습니다.

그날도 바닷가로 고기를 잡으러 나온 할머니는 까치들이 시끄럽게 울며 바다 위를 날아다니는 것을 보고 고개를 갸우뚱했습니다.

'별일이네. 갈매기도 아닌 까치들이 바다에서 울어 대다니……'

할머니는 눈을 비비고 바다 저편을 자세히 살펴보았습니다. 바다 위에 떠 있는 배 한 척이 보였습니다.

'오라, 까치들이 배 주위에 떼를 지어 모여 있구나. 배 안에 누가 타고 있기에 까치들이 저렇게 극성스레 울어 대는 거지?'

할머니는 궁금한 나머지 배를 타고 바다로 나아갔습니다.

낯선 배에 가까이 다가간 할머니는 배 안에 실려 있는 큰 상자를 열어 보았습니다. 그 안에는 귀여운 사내아이와 노비들, 그리고 금은보화가 들어 있었습니다.

할머니는 기쁜 표정을 지었습니다.

'내가 혼자 외롭게 산다고 하느님이 내게 아들을 보내 주셨구나. 아이고, 고마워라.'

할머니는 사내아이를 집으로 데려와 극진히 보살폈습니다. 이것저것 맛있는 음식을 챙겨 먹이고 좋은 옷을 지어 입혔습니다.

할머니는 사내아이에게 이름도 지어 주었습니다.

"너는 상자에서 벗어나 밖으로 풀려 나왔으니 '벗어날 탈(脫)'자에 '풀 해(解)'자, '탈해'라고 부르마. 그리고 네가 올 때 까치들이 몰려들었으니 '까치 작(鵲)'자에서 '새 조(鳥)'자를 떼어 낸 '석(昔)'자로 성을 삼아야겠다."

그리하여 탈해는 석씨의 시조가 되었습니다.

탈해는 일주일이 지나서야 입을 열었습니다.

"할머니, 안녕하세요? 저를 돌봐 주셔서 고마워요. 저는 바다 건너 용성국에서 왔답니다."

탈해는 할머니에게 자신이 어떻게 여기까지 오게 되었는지 자세히 이야기했습니다.

그러자 할머니는 탈해의 손을 잡으며 말했습니다.

"알에서 나왔으니 너는 보통 아이가 아니구나. 어쨌든 잘 왔다. 너

는 이제 내 아들이니 우리 집에서 같이 살자."

탈해는 할머니의 사랑을 받으며 잘 자랐습니다. 키가 얼마나 큰지 마을 당산나무만 했으며 힘도 맞설 사람이 없을 만큼 셌습니다. 또한 인물도 좋고 지혜로웠습니다.

어느 날, 탈해는 머슴 둘을 데리고 토함산에 올라갔습니다. 그는 산꼭대기에 돌집을 짓고는 일주일 동안 거기서 지내며 서라벌을 두루 살펴보았습니다. 마침 초승달 같은 언덕에 자리잡은 집이 눈에 띄었습니다. 표주박을 허리에 차고 일본에서 건너와 혁거세왕의 신하가 된 '호공'이란 사람의 집이었습니다.

탈해는 그 집이 마음에 들었습니다. 그래서 그 집을 빼앗을 궁리로 머슴들에게 말했습니다.

"밤에 몰래 저 집에 숨어 들어가 마당에 숯과 숫돌을 묻어 놓아라."

"예, 분부대로 하겠습니다."

그날 밤 머슴들은 호공의 집안 사람들이 잠든 틈을 타 담장을 넘어서 마당에 숯과 숫돌을 파묻고 돌아왔습니다.

이튿날 날이 밝자 탈해는 호공의 집을 찾아가서 말했습니다.

"집을 비워 주셔야겠습니다. 이 집은 우리 조상들이 대대로 살아온 집입니다."

탈해의 요구에 호공은 어이없다는 표정을 지었습니다.

"무슨 소리를 하는 거야? 이 집은 내 집이야. 허튼 소리 말고 썩 물러가라."

"아닙니다. 조상 때부터 살아온 집입니다. 억지 부리지 말고 집을 돌려 주십시오."

탈해와 호공은 서로 자기 집이라고 우기며 옥신각신 싸웠습니다. 그러다가 두 사람은 결국 관가를 찾아갔습니다.

재판을 맡은 관리가 탈해에게 물었습니다.

"너는 그 집을 네 집이라고 우기는데, 그것을 증명할 수 있겠느냐?"

"물론이지요. 증거도 있습니다. 우리 집안은 조상 대대로 대장장이 일을 해서 마당을 파 보면 그때 일했던 흔적을 찾을 수 있을 겁니다."

벼슬아치는 탈해의 말을 듣고 머슴들에게 호공의 집 마당을 파 보게 했습니다. 그러자 과연 숯과 숫돌이 나왔습니다.

탈해는 헛기침을 하고 호공에게 물었습니다.

"어떻습니까? 이래도 자기 집이라고 우기시겠습니까?"

"허허, 그것 참……."

호공은 꼼짝없이 탈해에게 집을 내주어야 했습니다.

그 시대는 신라 제2대 남해왕이 백성들을 다스릴 때였습니다.

남해왕은 탈해가 영특하다는 소문을 듣고 탈해를 궁전으로 불러들여 맏공주와 결혼시킨 뒤 사위로 삼았습니다. 탈해는 왕의 사위라고 하는 일 없이 빈둥거리지 않고 벼슬을 맡아 나랏일을 거들었습니다.

어느 날, 탈해는 토함산에 올라갔습니다. 그날 따라 날이 더워 목이 말랐습니다. 그래서 탈해는 산에서 내려오는 길에 머슴에게 샘물을 떠오게 했습니다. 머슴은 허리춤에서 표주박을 차고 샘터로 갔습니다.

바위 밑에서는 수정처럼 맑은 물이 솟아나오고 있었습니다. 목이 말랐던 머슴이 표주박으로 물을 떠서 한 모금 마셨는데 표주박이 입에 붙어 떨어지지 않는 것이었습니다.

'아뿔싸, 큰일났네! 이 일을 어찌하면 좋지?'

머슴은 표주박을 떼려고 애쓰다가 할 수 없이 탈해에게 돌아왔습니다.

탈해는 표주박을 입에 붙인 채 쩔쩔매는 머슴을 보고 호통을 쳤습니다.

"고얀 놈! 나보다 먼저 물을 마셔? 버릇없이 굴더니 꼴좋구나."

머슴은 탈해 앞에 엎드려 용서를 빌었습니다.

"주인 나리, 소인이 잘못했습니다. 다시는 이런 짓을 안 할 테니 너그러이 용서해 주십시오."

"좋다. 네가 진심으로 뉘우친 것 같아 이번 한 번만 용서해 주마."

탈해가 이렇게 말하자 표주박이 입에서 바로 떨어졌습니다.

그 뒤부터 머슴은 다시는 탈해를 속이려 들지 않았습니다.

그 무렵 남해왕이 세상을 떠났는데 다음과 같은 유언을 남겼습니다.

내가 죽으면 아들과 사위를 가리지 말고 나이가 많거나 현명한 사람이 대를 물려 가며 왕위에 오르도록 하라.

남해왕에게는 유리라는 아들이 있었습니다. 유리는 자신보다 탈해가 현명하다고 생각했습니다. 그래서 아버지의 유언을 쫓아 탈해에게 왕위를 넘기려고 했지만 탈해는 자신이 왕위에 오를 수 없다며 극구 사양했습니다. 그래도 유리가 탈해에게 왕위를 양보하겠다고 고집을 피우자 탈해는 이런 제안을 했습니다.

"현명한 사람은 치아가 많다고 합니다. 떡에 잇자국을 내어 치아가 많은 사람이 왕위를 잇도록 하지요."

그리하여 두 사람은 떡을 물어 시험을 했는데 유리가 탈해보다 치아 하나가 더 많아서 유리가 왕위에 오르게 되었습니다.

이 사람이 바로 신라 제3대 유리왕입니다.

유리왕은 34년 동안 임금의 자리에 있었는데 탈해에게 왕위를 넘긴다는 유언을 남기고 조용히 눈을 감았습니다. 그리하여 탈해는 신라 제4대 왕이 되었습니다.

탈해왕은 나라를 잘 다스렸습니다. 밖으로는 철통 같은 방비 태세로 외적의 침입을 막았으며, 안으로는 가뭄에도 굶주리는 백성이 없도록 창고 문을 열어 곡식을 나누어 주었습니다.

탈해왕은 왕 위에 오른 지 23년이 되는 해, 가을에 세상을 떠났습니

다. 이때 그의 나이가 여든다섯 살이었습니다.

그런데 6백여 년이 흐른 어느 날 밤, 탈해왕은 문무왕의 꿈에 나타나 이렇게 말했습니다.

"내가 지금 소천 언덕에 묻혀 있는데 내 시신을 파내어 뼈를 부수라. 그리고 그 가루를 찰흙과 섞어 반죽한 뒤 나의 인물상을 만들어서 토함산 위에 세우도록 하라."

꿈에서 깬 문무왕은 탈해왕이 시키는 대로 토함산 위에 인물상을 세운 뒤 동쪽 산신으로 섬기며 해마다 제사를 지냈다고 합니다.

(출전 : 《삼국유사》, 《삼국사기》)

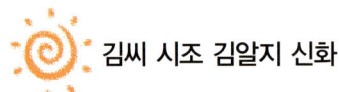 김씨 시조 김알지 신화

황금 상자에서 나온 아이

탈해왕 9년 8월, 초나흗날 밤이었습니다.

재상 자리에 있던 호공이 궁궐에서 나와 집을 향해 걸어가고 있었습니다. 궁궐에서 집으로 가는 길에는 '시림'이란 숲이 있었는데 나무들이 빽빽이 들어차 있어 대낮에도 어두운 곳이었습니다.

호공은 그 숲을 지나다가 발길을 멈추었습니다. 캄캄한 숲 속에 하늘로부터 한 줄기 밝은 빛이 내려 비치는 것을 본 것입니다. 그 빛은 나뭇가지까지 길게 뻗어 나뭇가지에 걸린 황금 상자에 닿아 있었습니다. 그리고 나뭇가지에는 흰 닭 한 마리가 앉아 목을 길게 빼고 울고 있었습니다.

"꼬끼요!"

호공은 가슴이 뛰었습니다.

'저 닭은 보통 닭이 아니야. 하늘에 산다는 하늘 닭이야. 황금 상자를 지키고 있군. 황금 상자 속에는 무엇이 들어 있을까? 아마도 이 땅에는 없는 귀한 것이 들어 있겠지?'

호공은 황금 상자를 나뭇가지에서 내려 뚜껑을 열고 싶었습니다. 하지만 온몸이 떨려 가까이 다가갈 수 없었습니다.

"이러고 있을 때가 아니야. 이 일을 임금님께 알려야겠다.'

호공은 발길을 돌려 궁궐로 돌아가서는 탈해왕에게 자신이 본 것을 그대로 알렸습니다.

"하늘 닭이 황금 상자를 지키며 울고 있다고? 황금 상자는 하느님이 우리에게 주신 선물이 틀림없소. 내가 직접 가서 열어 봐야겠소."

탈해왕은 호공을 앞세우고 신하들과 시림으로 갔습니다.

하늘 닭은 여전히 목을 길게 빼고 울고 있었습니다.

그런데 탈해왕 일행이 나타나자 하늘 닭은 하늘 저편으로 날아가는 것이었습니다.

탈해왕은 신하들에게 나뭇가지에 걸려 있는 황금 상자를 내리도록 하고는 떨리는 손으로 황금 상자의 뚜껑을 열었습니다.

"앗!"

상자를 열어 본 탈해왕과 신하들은 까무러칠 듯이 놀랐습니다. 상자 속에는 귀엽고 똑똑하게 생긴 남자 아기가 들어 있었던 것입니다.

남자 아기는 상자 속에 누워 있다가 슬그머니 일어서더니 탈해왕과 눈이 마주치자 방실방실 웃었습니다.

탈해왕은 아기를 품에 안으며 환하게 웃었습니다.

"하느님이 내게 자식이 없는 것을 아시고 아들을 보내 주셨구려."

탈해왕은 아기 이름을 '아기'를 뜻하는 우리말 '알지'로 성은 황금 상자에서 나왔다고 '김'으로 짓고는 왕자로 삼았습니다. 그리하여 알지는 김씨의 시조가 되었습니다.

알지는 궁궐에서 튼튼하게 자랐습니다.

탈해왕은 알지를 몹시 사랑하여 알지에게 왕위를 물려주고 싶은 마음에 태자로 세웠습니다.

그러나 알지는 탈해왕이 세상을 떠난 뒤에 왕위에 오르지 않았습니다.

"나보다 현명하고 덕이 있는 분이 이 나라의 왕이 되어야 합니다. 유리왕의 둘째 아들인 파사 왕자님이 왕위를 맡는 게 좋겠습니다."

알지는 이렇게 말하며 파사에게 왕위를 양보하고는 대보 벼슬을 맡아 뒤에서 왕을 도왔습니다.

알지는 평생을 백성들에게 존경받으며 살았다고 합니다.

(출전 : 《삼국유사》, 《삼국사기》)

해와 달이 된 오누이 • 일신, 월신 신화

백두산을 만든 장길손 • 거인 신화

오줌발 센 설문대 할망 • 거인 신화

나무 도령 • 홍수 신화

천 년을 둔 장기 • 신선 신화

다자구 할머니 • 산신 신화

바람신이 된 손돌 • 풍신 신화

입으로 전해 내려온 신화

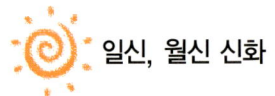 일신, 월신 신화

해와 달이 된 오누이

어느 깊은 산골에 어린 오누이와 어머니가 함께 살고 있었습니다.

아버지가 일찍 돌아가셔서 어머니는 어린 자식들을 집에 남겨 두고 마을 부잣집에 가서 품팔이를 해야 했습니다.

어머니가 마을로 일하러 가시면 오누이는 온종일 집에서 지냈습니다.

그러던 어느 날, 날이 저물었는데도 어머니가 오지 않자 오누이는 집 밖으로 나가 길바닥에 서서 한참을 기다렸습니다. 하지만 시간이 지나도 어머니의 모습이 보이지 않자, 눈이 빠지게 기다리던 오누이는 하는 수 없이 집 안으로 다시 들어갔습니다.

"오빠, 엄마는 왜 안 오는 거야?"

"글쎄, 어두워지면 호랑이가 자주 나타난다는데 어쩐 일이지?"

오누이가 이런 말을 근심스레 나누고 있을 때, 문 두드리는 소리가 들려왔습니다.

"오빠, 엄마가 오셨나 봐."

"얘들아, 빨리 문 좀 열어 다오."

동생은 반가운 얼굴로 자리에서 벌떡 일어섰습니다.

"엄마야?"

"그래, 엄마다."

동생이 잠긴 방문을 열려고 하자 오빠가 가로막았습니다.

"엄마라니까! 너희들 뭘 그렇게 꾸물거리니?"

문을 두드리며 재촉하는 목소리는 몹시 쉰 목소리였습니다.

오빠가 물었습니다.

"정말 엄마예요? 그런데 목소리가 이상해요."

그러자 부드러운 목소리가 들려왔습니다.

"감기가 걸려서 그래. 빨리 문 좀 열어."

"그럼 손을 내밀어 보세요."

오빠가 말하자 문틈으로 손이 들어왔습니다.

"옷소매가 보이지? 이래도 엄마가 아니니?"

오누이는 눈을 크게 뜨고 보았습니다.

옷소매는 분명 어머니 것이었지만 손의 생김새는 전혀 달랐습니다.

동생이 말했습니다.

"엄마 손에는 털이 없는데……."

"엄마는 오늘 종일토록 빨래를 해서 손이 거칠어졌단다."

오누이는 이 말을 곧이듣고는 문을 열어 주었습니다.

"귀여운 녀석들……. 배고팠지? 엄마가 저녁 지어 줄게."

오누이는 부엌으로 들어가시는 어머니의 뒷모습을 보았습니다.

'엄마가 고생이 많으신가 봐. 고된 일만 하시니 손이 많이 거칠어지셨어.'

오누이는 엄마 생각을 하니 가슴이 아팠습니다.

이런 생각을 하며 부엌을 들여다본 오빠는 깜짝 놀랐습니다. 다름 아닌 호랑이가 어머니의 옷을 입고 있었던 것입니다.

우물쭈물하다가는 호랑이에게 잡아먹힐 것이 뻔했기 때문에 오누이는 재빨리 방에서 나왔습니다. 빨리 몸을 숨겨야 했던 오누이는 뒷마당으로 가서는 우물가에 있는 큰 미루나무 위로 올라갔습니다.

오누이는 미루나무의 나뭇가지에 앉아 부엌 쪽을 내려다보았습니다.

부엌에 있는 호랑이가 보였습니다. 고갯마루에서 어머니를 잡아먹고는 오누이마저 잡아먹으려고 이곳까지 달려왔던 것입니다.

호랑이는 집 안이 갑자기 조용해지자 부엌에서 나왔습니다.

방 안을 보니 오누이가 보이지 않는 것이었습니다.

깜짝 놀란 호랑이는 집 안을 샅샅이 뒤졌지만 오누이를 찾을 수가

없었습니다.

기운이 빠진 호랑이는 목이 말라 뒷마당 우물가로 갔습니다.

우물물을 뜨려고 우물 속을 바라보니 물에 오누이의 그림자가 비쳐 보였습니다.

'요녀석들 봐라…….'

호랑이는 미루나무 위를 올려다보았습니다. 미루나무 가지에 오누이가 앉아 있는 것이 보였습니다.

'여우 같은 녀석들……. 어떻게 알았지? 들통이 나고 말았구나. 그렇다고 내가 포기할 것 같으냐?'

호랑이는 오누이를 향해 눈을 흘겼지만 부드러운 목소리로 말했습니다.

"나무에서 내려오너라. 떨어지면 큰일난다. 내가 맛있는 음식을 해줄게."

그러나 오누이는 호랑이의 꾐에 넘어가지 않았습니다. 나무에 붙어 앉아 꼼짝도 하지 않았습니다.

할 수 없이 호랑이는 나무에 오르려고 앞발을 쳐들었지만 나무가 미끄러워 도저히 올라갈 수가 없었습니다.

호랑이가 물었습니다.

"얘들아, 어떻게 올라갔는지 가르쳐 주겠니?"

그러자 오빠가 대답했습니다.

"참기름을 나무 둥치에 발라요. 그러면 금방 올라올 거예요."

이 말을 믿은 호랑이가 부엌으로 달려가 참기름 한 병을 갖고 우물로 돌아왔습니다.

호랑이는 참기름을 나무 둥치에 골고루 발랐습니다.

"이제 됐니?"

호랑이가 묻자 오빠가 대답했습니다.

"예, 올라와 보세요."

호랑이는 앞발을 쳐들어 나무를 부둥켜안았습니다. 그리고 나무에 오르려고 뒷발에 힘을 주었지만 미끄러져 내려오고 말았습니다.

"얘들아, 착하지? 바른대로 가르쳐 주겠니?"

호랑이가 사정하며 말하자 철부지 동생이 그만 바른대로 일러 주고 말았습니다.

"도끼를 쓰면 돼요. 나무를 찍어서 찍은 자리를 딛고 올라와요."

호랑이는 재빨리 동생이 일러 준 대로 도끼를 가져왔습니다.

그리고는 도끼로 나무 둥치를 찍은 뒤 발판을 만들며 나무 위로 올라가기 시작했습니다.

오빠는 동생이 원망스러웠습니다. 호랑이가 나무 꼭대기에 이르면 영락없이 잡아먹힐 판입니다.

호랑이가 가까이 오자 오빠는 하늘을 우러러보며 기도했습니다.

"하느님, 우리를 도와 주세요. 우리를 살리시려거든 새 동아줄을 내

려 주시고, 우리를 죽이시려거든 헌 동아줄을 내려 주세요."

호랑이가 나무 꼭대기에 거의 다다르고 있었습니다. 호랑이가 앞발을 뻗어 오누이를 잡으려 할 때, 하늘에서 무엇인가 내려왔습니다. 새 동아줄이었습니다.

오누이는 새 동아줄을 타고 하늘로 올라갔습니다.

오누이를 코앞에서 놓친 호랑이는 씩씩거리다가 자기도 하늘을 우러러보며 기도했습니다.

"하느님, 저를 도와 주세요. 저를 살리시려거든 새 동아줄을 내려 주시고, 저를 죽이시려거든 헌 동아줄을 내려 주세요."

기도가 끝나기 무섭게 하늘에서 동아줄이 내려왔습니다.

호랑이는 너무너무 기뻤습니다.

'오, 하느님! 감사합니다. 요놈들, 하늘 끝까지 따라가서 잡아먹을 테다!'

호랑이는 동아줄을 타고 하늘을 오르기 시작했습니다.

그러나 호랑이가 쥔 동아줄은 헌 동아줄이어서 얼마 못 올라가 동아줄이 뚝 끊어지고 말았습니다. 결국 호랑이는 땅에 떨어져 죽고 말았습니다. 호랑이가 떨어진 수수밭은 호랑이 피로 벌겋게 되었습니다.

그 뒤 오누이는 어떻게 되었을까요?

오빠는 해가 되고 동생은 달이 되었습니다.

하루는 동생이 오빠에게 말했지요.

"오빠, 나는 밤이 무서워. 그러니까 오빠가 나 대신 달이 되어 줘, 응?"

오빠는 동생의 부탁을 들어주었습니다.

그래서 오빠가 달이 되고 동생이 해가 되었습니다.

사람들은 해와 달을 일신과 월신으로 우러러 모셨답니다.

 거인 신화

백두산을 만든 장길손

까마득히 먼 옛날 옛적의 일입니다. 우리나라 땅에는 '장길손'이라는 거인이 살고 있었습니다.

장길손은 보통 거인이 아니었습니다. 키가 얼마나 큰지 얼굴은 구름 위에 있고 한 발자국에 몇십 리를 갈 수 있었답니다. 한 끼 식사에 쌀을 수십 섬씩 먹어치울 만큼 몸집이 굉장히 컸습니다.

그렇지만 장길손은 언제나 배에서 꼬르륵 소리가 났습니다. 한 번도 배불리 먹어 본 적이 없고 음식을 먹고 나면 금세 배가 고파졌습니다. 그럴 때는 먹을 것을 찾아 여기저기 헤매 다니는 수밖에 없었습니다.

장길손은 북쪽 지방에 살았는데 북쪽 지방은 산이 많아 벼농사를 적게 지었습니다. 그래서 평야가 끝없이 펼쳐져 있어 벼농사를 많이 하고 있는 남쪽 지방으로 내려갔습니다.

"배가 고파요, 먹을 것 좀 주세요."

장길손은 이 집 저 집 찾아다니며 구걸을 했습니다.

남쪽 지방 사람들은 인심이 좋아서 장길손이 불쌍하다고 쌀을 수십 섬씩 모아서 밥을 지어 주었습니다.

장길손은 난생 처음 배불리 먹을 수 있었습니다.

밥을 먹고 나니 여유가 생긴 장길손은 바다에 자신의 몸을 비추어 보았습니다. 나뭇잎으로 겨우 아랫도리만 가린 모습이 보였습니다.

장길손은 그 모습이 마음에 들지 않았습니다.

"아, 나도 한번 옷을 입어 보았으면……."

장길손은 사람들에게 찾아가 부탁했습니다.

"저를 위해 옷을 한 벌만 지어 주세요."

사람들은 정말 인심이 좋아서 장길손이 불쌍하다고 남쪽 지방에 있는 베를 모두 모아 옷을 지어 주었습니다.

장길손은 기분이 너무너무 좋았습니다. 난생 처음 옷이 생겼다고 덩실덩실 춤을 추기 시작했습니다.

그런데 흥에 겨워 어깨를 들썩일 때마다 장길손의 몸이 해를 가려 백 리 밖까지 그늘이 지는 것이었습니다. 이렇게 되니 논밭에서 나는 곡식이나 채소들이 자랄 수 없게 되었습니다.

게다가 팔을 움직일 때마다 소맷자락에서 바람이 일어 집과 가축들이 날아가 버렸습니다.

남쪽 지방 사람들은 화가 머리끝까지 났습니다.

"밥을 먹이고 옷을 주었더니 은혜를 원수로 갚아? 네놈이 우리를 망하게 하는구나!"

사람들은 몽둥이를 들고 장길손에게 달려들었습니다.

"잘못했습니다. 용서해 주세요."

장길손은 눈물을 흘리며 북쪽 지방으로 떠났습니다.

장길손에 대한 소문은 온 동네에 퍼졌습니다. 장길손만 보면 모두들 달아나기에 바빠서 장길손은 먹을 것을 얻을 수가 없었습니다.

장길손은 배가 고팠습니다. 기운이 없어 더 이상 걸을 수가 없었던 장길손은 그 자리에 주저앉아 나무나 돌, 흙을 손에 잡히는 대로 마구 주워 먹기 시작했습니다. 하지만 못 먹을 걸 먹었으니 당연히 탈이 날 수밖에 없었습니다.

장길손은 몇 걸음 못 가서 배를 움켜쥐고 땅바닥을 뒹굴며 뱃속에 있는 것을 모두 토해 냈습니다. 그런데 얼마나 많이 먹었는지, 그것이 쌓이고 쌓여 산을 이루었습니다. 그 큰 산이 바로 지금의 '백두산'이라고 합니다.

또한 눈물도 꽤나 흘렸는데, 그 눈물이 동쪽과 서쪽으로 흘러 지금의 '압록강'과 '두만강'이 되었고, 흘러내린 설사는 '태백산맥'을 이루었다고 합니다. 또한 이때 똥덩이가 튀어 멀리 바다에 떨어졌는데, 이것은 '제주도'가 되었다는군요.

 거인 신화

오줌발 센 설문대 할망

 아주 오랜 옛날 제주도에 '설문대 할망'이라고 하는 키가 매우 크고 힘이 센 할머니가 살았습니다.
 설문대 할망이 어디에서 왔는지는 아무도 몰랐습니다.
 그저 세상에 알려진 것은 설문대 할망이 제주도를 만들었다는 사실뿐이었습니다.
 어느 날, 설문대 할망은 제주도에 산 하나를 만들어야겠다고 마음먹었습니다. 그래서 뭍으로 가서 치마폭에 흙을 담아 나르기 시작했습니다. 그렇게 일곱 번을 반복했더니 제주도에 높은 산이 우뚝 솟아올랐습니다. 그 산이 바로 '한라산'입니다.
 그런데 설문대 할망의 커다란 치마는 낡아서 구멍이 송송 뚫려 있었습니다. 그 구멍 사이로 흙이 흘러내려 한라산 주변에는 '오름'이라고 불리는 나지막한 산들이 많이 생겨났다고 합니다.

설문대 할망은 한라산을 만들고 난 뒤, 잠시 땀을 식히려 그 위에 걸터앉았습니다.

"아야!"

그런데 설문대 할망이 갑자기 비명을 지르며 벌떡 일어났습니다. 한라산의 뾰족한 봉우리가 설문대 할망의 엉덩이를 쿡쿡 찔렀기 때문입니다.

화가 난 설문대 할망은 한라산의 뾰족한 봉우리를 꺾어서 멀리 던져 버렸습니다. 그랬더니 봉우리가 떨어진 곳에 '산방산'이 생겼습니다.

설문대 할망은 다시 한라산에 걸터앉았습니다. 봉우리가 꺾인 곳이 움푹 패여 앉아 있기에 아주 편안했습니다. 이때, 설문대 할망이 앉았던 봉우리에 물이 고여 생긴 것이 한라산 꼭대기에 있는 '백록담'이라고 합니다.

설문대 할망은 자신이 만든 한라산이 정말 마음에 들었습니다. 그래서 한라산에 엉덩이를 붙이고 앉아 쉬기도 하고 빨래를 하기도 했습니다.

빨래를 할 때는 서귀포 앞바다에 있는 '지귀섬'에 오른발을 디디고, '관탈섬'에 왼발을 디뎠습니다. 그리고 '우도'를 빨래판 삼아 빨래를

했습니다.

또한 잠을 잘 때는 한라산이 베개가 되기도 했습니다. 설문대 할망은 한라산을 베고 누워 관탈섬에 다리를 올려 놓고 잠을 잤습니다.

그런데 설문대 할망은 추위를 유난히 많이 타서 겨울만 되면 몸을 웅크린 채 오돌오돌 떨곤 했습니다. 그래서 설문대 할망은 몸에 꼭 맞는 따뜻한 속옷을 한 벌 해 입는 것이 소원이었습니다.

그러던 어느 날, 제주도 사람들이 설문대 할망을 만나러 왔습니다.

"설문대 할망, 저희들이 제주도에서 뭍까지 마음대로 오갈 수 있게 다리를 놓아 주십시오."

그러자 설문대 할망이 흔쾌히 승락하며 말했습니다.

"좋아, 내가 다리를 놓아 주지. 그 대신 내 부탁도 들어주어야 하네. 겨울이 오기 전에 내 몸에 꼭 맞는 명주 속옷을 한 벌 지어 주게."

"알겠습니다."

그리하여 제주도 사람들은 그날부터 명주를 모으기 시작했습니다. 설문대 할망의 몸에 맞는 속옷을 지으려면 명주가 백 동(묶음 단위)이나 필요했습니다. 그런데 여기저기서 명주를 들여왔지만 아흔아홉 동밖에 모으지 못해, 결국 속옷을 만들지 못하고 말았습니다.

"너희들이 나와 한 약속을 지키지 않았으니 나도 이제 더 이상 다리를 놓지 않겠다."

제주도 조천읍 조천리와 신촌리 바닷가 근처에는 지금도 작은 바위

섬들이 흩어져 있는데, 이 섬들이 바로 설문대 할망이 놓던 다리라고 합니다.

설문대 할망은 키가 무척 크고 힘도 대단히 세었던 만큼 오줌발도 엄청났습니다.

어느 날, 설문대 할망이 성산읍 오조리 식산봉과 성산리 일출봉에 두 다리를 걸치고 앉아 오줌을 누었다고 합니다. 그러자 그 오줌발에 흙과 바위가 떠내려가 섬이 생겼는데, 그 섬이 바로 '우도'라는군요.

그런데 그때 오줌을 얼마나 세게 누었는지 바다가 아주 깊이 패었다고 합니다. 또한 그때부터 성산리와 우도 사이에 있는 바다에 물살이 굉장히 빨라지게 되었습니다. 그래서 요즘도 조류에 배가 밀려 일본의 대마도까지 떠내려가는 경우가 있다고 합니다.

그리고 한라산에 있는 '탐라 계곡'도 설문대 할망의 세찬 오줌 줄기에 산이 패이면서 생기게 되었다고 합니다.

이렇듯 신비로운 힘을 가지고 있던 설문대 할망은 지금은 제주도에서 살고 있지 않습니다.

어느 해 흉년이 들자 먹을 것이 부족한 제주도 사람들을 위해서 제주도를 떠나 버렸다고 합니다.

오줌발 센 설문대 할망을 다시 제주도로 불러 오려면 커다란 명주 속옷을 한 벌 지어 놓으면 되지 않을까요?

 홍수 신화

나무 도령

　까마득히 먼 옛날, 하늘과 가까운 곳에 자리잡은 언덕 위에 천 년이나 된 아주 큰 계수나무 한 그루가 서 있었습니다.

　언제부턴가 하늘나라에서 선녀가 내려와서는 계수나무 아래에 앉아서 놀다 가곤 했습니다. 계수나무를 좋아했던 선녀는 나무의 품에 안겨서 노래를 부르거나 나무와 즐거운 시간을 보내곤 했습니다.

　그러는 사이 선녀는 계수나무를 사랑하게 되어 둘 사이에 귀여운 사내아이를 낳게 되었습니다. 선녀와 계수나무는 이 아이를 나무의 아들이라고 해서 '나무 도령'이라고 불렀습니다.

　나무 도령이 일곱 살이 되자 선녀는 나무 도령을 계수나무에게 맡기고 하늘나라로 떠나 버렸습니다. 그리하여 나무 도령은 계수나무의 보살핌을 받으며 자라야 했습니다.

나무 도령이 열 살이 됐을 때였습니다.

어느 여름날, 계수나무가 나무 도령에게 말했습니다.

"오늘부터 장마가 시작되는데 밤에 큰 비가 내릴 거야. 어쩌면 홍수가 날지도 몰라."

계수나무의 예상은 들어맞았습니다.

그날 밤 갑자기 장대비가 쏟아지기 시작하더니 강물이 불어나기 시작했습니다. 강물은 금세 논밭을 삼키고 뒷산도 물에 잠기더니 마을은 온통 물바다로 변해 버렸습니다.

불어난 물살에 계수나무가 뿌리째 뽑혀 물 위로 쓰러졌습니다.

나무 도령도 물 속에 풍덩 빠지고야 말았습니다.

이때 계수나무가 소리쳤습니다.

"아들아, 어서 내 등에 올라타거라!"

나무 도령은 물 속을 헤엄쳐 물 위로 떠오른 계수나무 곁으로 다가가서는 간신히 계수나무 등에 올라탔습니다.

나무 도령은 며칠 밤낮을 계수나무에 몸을 실은 채 '두둥실' 떠내려갔습니다.

하지만 어디가 어디인지 알 수 없었습니다. 눈에 보이는 것은 아득히 넓고 끝없이 펼쳐진 바다뿐이었습니다. 떠내려가는 동안 비는 그쳐서 하늘에는 오랜만에 해가 둥실 떠올라 있었습니다.

마침, 나무 도령이 눈부신 아침 햇살에 몸을 맡기고 있을 때였습니다.

"살려 주세요."

어디선가 다급하게 외치는 소리가 들렸습니다.

나무 도령이 돌아보니 개미 떼들이 물 위를 새까맣게 뒤덮은 채 힘없이 떠내려오고 있었습니다.

개미 떼가 불쌍하다고 생각한 나무 도령은 계수나무에게 물었습니다.

"아버지, 저 개미 떼도 태워 줄까요?"

"그렇게 하렴."

나무 도령은 아버지의 허락을 받자마자 개미 떼들을 물 위에서 건져 내었습니다.

"고마워요."

계수나무 등에 올라타며 개미들이 인사했습니다.

또 얼마쯤 떠내려가는데 어디선가 외치는 소리가 들렸습니다.

"살려 주세요!"

나무 도령이 물 위를 살펴보니 아무도 보이지 않았습니다.

"여기예요, 여기……!"

나무 도령이 소리나는 곳을 바라보니 모기 떼가 앵앵거리며 허공을 날아다니고 있었습니다.

"저희들 좀 태워 주세요. 앉아 쉴 데가 없어 계속 날아다녔더니 날개가 끊어질 듯 아파요."

모기들은 기어드는 목소리로 나무 도령에게 애원했습니다.

나무 도령은 지칠 대로 지쳐 있는 모기들을 보자 가슴이 아팠습니다. 그래서 또 계수나무에게 물어 보았습니다.

"아버지, 저 모기 떼도 태워 줄까요?"

"그렇게 하렴."

또 허락을 받은 나무 도령은 모기들에게 말했습니다.

"얘들아, 고생 많았지? 여기 앉아서 쉬었다 가렴."

"고맙습니다, 고맙습니다!"

모기들은 다투어 인사하며 계수나무 가지와 잎사귀에 내려앉았습니다. 나무 도령과 개미 떼와 모기 떼를 태운 계수나무는 가던 방향으로 계속해서 떠내려갔습니다.

얼마나 떠내려갔는지 어디선가 또 사람이 살려 달라고 외치는 소리가 들려왔습니다.

나무 도령이 둘러보니 자기 또래의 사내아이 하나가 물 속에 빠져 허우적거리고 있었습니다.

"아버지, 사람이 물에 빠졌어요. 빨리 구해 줘야겠지요?"

나무 도령은 당연하다는 듯 물었습니다.

그런데 계수나무는 뜻밖에도 고개를 내저었습니다.

"그럴 필요 없다. 모르는 척 해라."

나무 도령은 계수나무의 말을 듣고 이해가 되지 않았습니다.

"아버지! 사람이 죽어 가고 있어요. 그런데 모르는 척 하라니요?"

"사람은 짐승과 다르단다. 은혜를 베풀면 원수로 갚는 수가 있거든."

하지만 나무 도령은 목소리를 높여 말했습니다.

"아버지, 무슨 말씀을 하시는 거예요? 그런 건 나중에 생각하시고 사람 목숨부터 구해야 한다니까요!"

"안 된다! 저 아이를 태워선 절대 안 돼!"

"아버지! 이렇게 두 손 모아 빌게요. 저 가엾은 아이를 구하게 해 주세요, 네?"

나무 도령은 울먹이며 계수나무에게 매달렸습니다.

어찌나 애처롭게 사정하는지 승낙하지 않을 수 없었습니다.

하지만 계수나무는 마지못해 승낙하면서도 이렇게 말하는 것을 잊지 않았습니다.

"나중에 진작에 아버지 말을 들을 걸 하고 후회하지 말거라."

아이를 구하는 것이 가장 급했던 나무 도령에게 계수나무의 말은 귀에 들어오지 않았습니다.

나무 도령은 아이에게 손을 내밀어 아이가 그 손을 잡게 한 뒤 계수나무 위로 끌어올렸습니다.

이제 계수나무는 나무 도령과 개미 떼와 모기 떼와 아이를 태우고서는 정처 없이 떠내려갔습니다.

며칠 뒤, 계수나무 일행은 어느 섬에 닿았습니다. 그런데 그곳은 알고 보니 섬이 아니라 세상에서 가장 높은 산봉우리였습니다. 그곳만 물이 차지 않고 솟아 있어서 멀리서 봤을 때 섬처럼 보였던 것입니다.

나무 도령과 개미 떼와 모기 떼와 아이는 계수나무 등에서 내렸습니다. 개미 떼와 모기 떼는 나무 도령에게 작별 인사를 한 뒤, 금세 어디론가 사라져 버렸습니다.

계수나무는 걷지 못해 물가에 남아 있었고 나무 도령과 아이는 길동무가 되어 산꼭대기로 걸어 올라갔습니다. 산꼭대기에는 할머니와 여자 아이 둘이 살고 있는 초가집 한 채가 있었습니다.

여자 아이 둘은 나무 도령과 같은 나이였습니다. 할머니의 딸인 여자 아이는 얼굴이 고왔지만 물에 떠내려오다가 할머니가 구해 준 다른 여자 아이는 얼굴이 못생겼습니다.

할머니는 나무 도령과 아이를 반갑게 맞아 주었습니다.

"홍수가 났는데도 용케 살아 있었구나. 우리 집에서 우리와 같이 살자꾸나."

할머니는 두 남자 아이가 쓸 방을 내주었습니다.

나무 도령과 아이는 할머니 집에 살면서 농사일을 하며 살았습니다. 초가집 주변의 땅을 일구어 논과 밭을 만들었고 농작물을 가꾸어 풍성한 수확을 올리기도 했습니다.

두 남자 아이가 자라 어느덧 청년이 되자 할머니는 두 처녀와 짝을 지어 줘야겠다고 마음먹었습니다.

그런데 두 청년 모두 할머니의 딸과 맺어지기를 바라고 있었습니다.

할머니는 두 청년을 바라보며 생각했습니다.

'내 딸아이는 둘 중에서 재주가 많고 똑똑한 총각에게 시집을 보내야겠다.'

물에서 건져진 청년은 이러한 할머니 생각을 알아차리고는 나무 도령을 할머니 눈 밖에 나게 하려고 일을 꾸미기 시작했습니다.

어느 날, 청년이 할머니에게 말했습니다.

"할머니, 혹시 이런 재주를 가진 사람 보셨습니까? 모래밭에 좁쌀 한 섬을 흩어 놓아도 한나절 만에 좁쌀을 도로 주워 담을 수 있는 사람 말입니다."

"모래 하나 섞이지 않게?"

"예."

누가 그런 재주를 가졌냐고 할머니가 묻자 청년은 바로 나무 도령이라고 거짓말을 했습니다.

그 말을 참말로 믿은 할머니는 나무 도령을 불러 그 놀라운 재주를 보여 달라고 했습니다.

나무 도령은 한숨을 쉬며 말했습니다.

"저한테는 그런 재주가 없습니다."

"거짓말하지 말거라. 내가 바닷가 모래밭에 좁쌀 한 섬을 뿌려 놓고 왔으니 어서 그 재주를 발휘해 보아라. 한나절 뒤에 갈 테니……."

어쩔 수 없이 나무 도령은 바닷가 모래밭에 가서 할머니가 시키는 대로 해야 했습니다.

하지만 아무리 눈을 크게 떠도 모래에 섞인 좁쌀을 주워 담을 수는 없었습니다.

나무 도령이 한숨을 쉬고 있을 때, 예전에 구해 주었던 개미 떼가 나타났습니다.

나무 도령이 사정을 이야기하자 개미 떼가 말했습니다.

"걱정하지 마세요. 그런 일쯤은 식은 죽 먹기니까요."

개미들은 모래밭으로 흩어지더니 좁쌀을 물어 나르기 시작했습니다. 순식간에 좁쌀 한 섬이 다 모아졌습니다.

한나절 뒤 할머니가 와서 보고는 나무 도령을 칭찬했습니다.

"귀신 같은 솜씨네. 이 좋은 재주를 여태 숨기고 있었어?"

이 사실을 알게 된 청년은 배가 아팠습니다.

나무 도령을 눈 밖에 나게 하려다가 오히려 눈에 쏙 들게 하였기 때문입니다.

할머니는 두 처녀와 두 청년을 한 자리에 불러모으고는 나무 도령을 사위로 삼겠다고 말했습니다.

그러자 이 말을 들은 청년이 반대하고 나섰습니다.

"제가 아까 지켜보니 좁쌀 한 섬을 주워 모은 것은 개미 떼였습니다. 남의 힘을 빌린 것뿐인데, 그게 무슨 재주라고 사위를 삼으려 하십니까?"

"그럼 너는 어떤 방법으로 짝을 찾았으면 좋겠느냐?"

할머니가 묻자 청년이 대답했습니다.

"두 처녀를 각각 다른 방에 넣어 두십시오. 그러면 우리가 아무 방이나 골라 들어간 뒤 그 방에서 만나게 되는 처녀와 부부가 되겠습니다."

"그것 참 괜찮은 방법이로구나."

할머니는 청년이 제안한 방법을 쓰기로 했습니다.

그래서 두 청년을 밖으로 내보낸 뒤 두 처녀를 각각 동쪽 방과 서쪽 방에 넣어 두었습니다.

나무 도령은 마당에 서서 망설였습니다.

'어느 방으로 들어가지?'

그때였습니다. 앵앵거리는 소리가 나더니 모기들이 날아와 나무 도령의 귀에 대고 속삭였습니다.

"동쪽 방으로 들어가세요."

나무 도령은 모기의 말대로 동쪽 방으로 들어갔습니다.

그 방에는 나무 도령이 원하는 대로 할머니의 딸이 기다리고 있었습니다. 그리하여 나무 도령은 모기의 도움으로 할머니의 사위가 될 수 있었습니다.

한편 서쪽 방으로 들어간 청년은 얼굴이 못생긴 처녀와 결혼하게 되었습니다.

이리하여 두 쌍의 부부가 탄생하게 되었는데, 이들이 낳은 후손들로 이 세상에는 많은 사람들이 살게 되었습니다.

그런데 지금까지도 세상에 악한 사람이 있는 것은 나무 도령이 아버지의 말을 듣지 않고 구해 준 아이의 후손들이 여전히 남을 속이며 악하게 살아가고 있기 때문이라고 합니다.

 신선 신화

천 년을 둔 장기

하늘나라에 사는 신선들은 특별히 할 일이 없어서 곧잘 장기를 두며 시간을 보내곤 했습니다.

그들 중에서 유별나게 장기를 좋아하는 신선은 '적송자'와 '안기생'이었습니다. 두 신선은 아침에 눈을 뜨면 장기판에 마주 앉아 저녁 늦게까지 장기를 두곤 했습니다.

두 신선의 장기 실력은 막상막하하여서 이기고 지고를 늘 번갈아 했습니다. 천 년 동안 그렇게 장기를 두었건만 한쪽이 연달아서 이긴 적은 한 번도 없었습니다.

어느 날, 장기 한 판을 끝낸 뒤 안기생이 제의를 했습니다.

"여보게, 머리도 식힐 겸 속세에 내려가 장기를 두는 것이 어떻겠나?"

"그것 좋지. 점찍어 둔 곳이 있으면 말해 보게."

"나는 하늘 아래 첫 동네가 좋겠는데……."

"하늘 아래 첫 동네라면 백두산 아닌가? 좋지. 경치가 뛰어난 산에서 맑은 공기를 마시며 장기를 둔다……. 생각만 해도 가슴이 설레는군."

적송자는 들뜬 표정을 지으며 말했습니다.

이튿날 두 신선은 백두산으로 내려갔습니다. 그들은 끝없이 펼쳐지는 빼어난 경치에 벌린 입을 다물지 못했습니다.

두 신선은 백두산을 한번 둘러보고는 앉을 자리를 찾았습니다.

그들이 골라잡은 곳은 넓고 평평하게 생긴 커다란 바위였습니다.

적송자와 안기생은 그 바위 위에 마주 앉아서는 미리 준비해 온 장기판을 펴고 그 위에 장기짝을 벌려 놓았습니다.

"슬슬 시작해 보자고."

"좋지."

두 신선은 장기판 앞에 앉아 장기를 두기 시작했습니다.

첫 판은 안기생이 수세에 몰리다가 맹렬한 반격을 펼치며 적송자를 구석으로 몰았습니다.

"장이야!"

안기생은 의기양양하게 장군을 불렀습니다. 그러자 적송자는 심각한 표정을 지었습니다. 아무리 장기판을 뚫어지게 바라봐도 빠져 나갈 방법이 없었기 때문입니다.

적송자가 슬그머니 일어섰습니다.

"장기를 두다 말고 어디 가나?"

"응, 잠깐 오줌 좀 누고 오려고."

"그럼, 다녀오게나."

적송자는 장기판을 벗어나 발길 닿는 대로 걸어갔습니다.

'무슨 좋은 수가 없을까?'

생각을 거듭해 보았지만 뾰족한 수가 떠오르지 않았습니다.

적송자는 생각에 잠긴 채 걷다가 괭이질 소리에 정신이 들었습니다. 소리 나는 곳을 바라보니 어떤 노인이 산삼을 캐고 있었습니다. 적송자와 노인의 눈이 마주쳤습니다.

노인이 괭이질을 멈추고는 입을 열었습니다.

"누구십니까? 이곳에 사는 분 같진 않아 보이는데요."

"잘 보셨소. 나는 하늘나라에 사는 신선이오. 이름은 적송자이고."

"아, 그러십니까? 보시다시피 저는 산삼을 캐러 다니는 심마니올시다."

적송자가 자신에 대해 밝히자 노인도 자기 소개를 했습니다.

노인은 적송자의 얼굴을 찬찬히 살폈습니다.

"죄송한 말씀이지만 신선이란 분이 어째 얼굴이 어두우십니까? 무슨 걱정거리라도 있으신 것 아닙니까?"

"허허, 대단하십니다. 보통 눈치가 빠른 분이 아니시구려. 걱정거리

를 말하면 속 시원히 풀어 주시겠소?"

적송자는 웃으면서 사연을 털어놓았습니다. 하늘나라에서 안기생과 장기를 두다가 백두산에 내려오게 된 이야기며 첫 판 장기에서 수세에 몰려 있다는 이야기까지 모두 말했습니다.

그러자 노인은 너털웃음을 터뜨리며 말했습니다.

"하하하, 역시 신선들은 다르군요. 천 년 동안 장기만 두다니요. 하여튼 백두산에 잘 오셨습니다. 제가 좋은 수를 알려드리지요. 신선 어른께서는 장기를 두다가 맑고 아름다운 자연의 경치를 굽어 살피신다면 좋은 수가 떠올라 장기에서 이기게 되실 것입니다."

노인과 헤어진 적송자는 장기판으로 돌아오며 고개를 갸웃거렸습니다.

'자연의 경치를 굽어 살피라고?'

아리송한 말이었습니다. 자연의 경치와 장기의 수가 무슨 관련이 있다고 그런 말을 하는지 적송자는 의아해했습니다.

그러나 물에 빠지면 지푸라기라도 잡는다고 적송자는 장기판 앞에 앉자마자 자연의 경치에 눈길을 주었습니다. 눈길이 머문 곳에는 바위들이 보였습니다. 그 순간 적송자는 자기 눈을 의심해야 했습니다. 바위들이 전부 장기판의 '졸'로 변하더니 봉우리를 향해 거침없이 나아가고 있었기 때문입니다.

'그래, 바로 그거야!'

적송자는 좋은 수가 생각났다는 듯이 무릎을 탁 쳤습니다.

그리고 장기판으로 눈을 돌려 단 몇 수로 위기를 벗어난 뒤 '졸'들을 앞으로 내보내서는 쉽게 첫 판을 이길 수 있었습니다.

이튿날 둘째 판이 벌어졌습니다.

안기생은 이번 판은 절대로 질 수 없다고 단단히 각오한 모양이었습니다. 처음부터 줄기차게 공격을 퍼부어 댔던 것입니다.

'이거 큰일났네! '졸'들을 옴짝달싹 못 하게 해 놓았으니…….'

적송자는 위기에 몰리자 또 자연의 경치에 눈을 돌렸습니다. 저만치 보이는 바위 하나가 눈길을 끌었습니다. 그 바위는 꼭 말처럼 생겼는데 자신을 써 보라고 말하는 것처럼 보였습니다.

순간 적송자는 또 무릎을 쳤습니다.

'옳지! '졸'들의 발이 묶였으니 말을 풀어 주는 거야!'

이렇게 작전을 짠 뒤 반격에 나선 적송자는 말을 재빨리 움직여 상대 진영을 파고들어서는 '장이야!' 하고 외칠 수 있었습니다.

안기생은 얼굴빛이 하얘졌습니다. 둘째 판도 지고 만 것입니다. 연거푸 두 판을 내준 것은 천 년 만에 처음이었습니다. 안기생은 너무 분하여 그날 밤 잠이 오지 않았습니다.

'이대로 물러설 수 없어. 내일 시합에서는 꼭 이겨야 해.'

안기생은 이를 악물고는 어떤 작전을 펼칠지 밤새도록 궁리했습니다.

이튿날 셋째 판이 벌어졌습니다.

안기생은 작전대로 장기짝을 움직여서 상대편을 항복 직전까지 몰고 갈 수 있었습니다.

안기생의 입가에 미소가 번질 때 맑은 하늘이 갑자기 어두워졌습니다. 그리고 소나기가 쏟아지더니 비는 이내 우박으로 변했습니다. 우박은 또 난데없이 진눈깨비로 바뀌더니, 이윽고 하늘에서는 함박눈이 펄펄 내리는 것이었습니다. 그러다가 눈이 그치고 나자 해가 반짝 났습니다.

적송자는 이러한 변화무쌍한 날씨를 보자 불현듯 이런 생각이 떠올랐습니다.

'장기의 수도 날씨와 같은 거야. 변화무쌍해야 이길 수 있어.'

적송자는 '차'는 소나기, '포'는 우박으로, 그리고 '마'는 진눈깨비, '상'은 함박눈으로 생각했습니다. 그리하여 '차'와 '포'와 '마'와 '상'을 연방 바꾸어 가며 공격해서 셋째 판도 이길 수 있었습니다.

안기생은 장기판을 접으며 힘없이 말했습니다.

"내가 졌네. 이제 장기는 자네가 나보다 한 수 위야. 그나저나 며칠 사이에 어쩜 그렇게 장기 실력이 늘었나?"

적송자가 웃으며 대답했습니다.

"장기 실력이 늘기는……. 백두산에 내려와서 자연의 경치를 굽어 살핀 덕이지."

적송자는 산 속에서 노인을 만난 뒤부터 어떤 식으로 시합에 임했는지 자세히 설명했습니다.

그제야 안기생은 머리를 끄덕였습니다.

"그랬었구먼. 승리의 비결은 거기에 있었군그래."

"이제 자네도 비법을 알아버렸으니 내가 다시 자네를 이기기는 힘들겠어."

"그런가?"

두 신선은 서로 마주 보며 큰 소리로 웃었습니다.

적송자와 안기생은 백두산에 자주 내려와서 장기를 두었는데, 그 후 두 신선이 장기를 둔 바위를 '장기바위'라고 불리게 되었습니다.

 산신 신화

다자구 할머니

지금으로부터 2백여 년 전, 경상북도 영주와 충청북도 단양 사이에 있는 소백산의 '대재(죽령)'라는 고개에는 산도둑이 극성을 부리고 있었습니다. 산 속에 도둑들의 소굴이 있어 지나가는 사람들의 재물을 털거나 목숨을 빼앗았던 것입니다.

그래서 단양 고을 원님은 도둑들 때문에 골치를 앓았습니다. 이들에게 피해를 본 백성들이 하루에도 몇 명씩 찾아와 억울한 사정을 하소연했기 때문입니다.

"사또! 저는 장터마다 돌아다니며 비단을 파는 장돌뱅이인데 단양장에 오려고 대재를 넘어오다가 도둑들에게 비단을 모두 빼앗겼습니다. 가지고 있던 돈도 모두 털려 장사 밑천까지 잃었으니 이제 어떻게 살아야 한단 말입니까?"

"사또! 세상에 이럴 수가 있습니까? 저는 대재를 넘다가 열일곱 살 된 아들을 잃었습니다. 도둑들이 가진 것을 모두 빼앗고 소중한 아들의 목숨까지 앗아 갔습니다. 말대꾸 한 마디 한 죄밖에 없는데……."

백성들은 원님에게 자신들의 기막힌 사연을 앞다투어 털어놓았습니다. 그 사연들을 듣고 있자면 하루가 모자랄 지경이었습니다.

"잘 알겠다. 도둑들을 잡아서 빼앗긴 재물을 찾아 줄 테니 집으로 돌아가서 기다리고 있어라."

원님은 이렇게 말하며 백성들을 돌려보냈지만 원님의 말을 믿는 백성들은 아무도 없었습니다. 도둑들이 그렇게 날뛰고 있어도 관가에서는 여태껏 도둑들을 잡지 못하고 있었기 때문입니다.

도둑들은 보통내기가 아니었습니다. 그야말로 귀신처럼 자유자재로 나타났다 사라졌다 했습니다. 관가에서는 이미 여러 차례 군사들을 고개로 보냈지만 모두 헛일이었습니다. 귀신같이 미리 알고 산 속에 꼭꼭 숨어 버리니 도저히 잡을 수가 없었습니다.

원님은 도둑들 때문에 뜬눈으로 지새우는 날이 많았습니다.

'도둑의 무리를 한꺼번에 죄다 잡아들여야 할 텐데……. 무슨 좋은 방법이 없을까?'

원님은 밤을 꼬박 새우며 생각에 생각을 거듭했습니다. 그러나 도둑들을 잡을 좋은 방법이 도무지 떠오르지 않았습니다.

그러던 어느 날이었습니다. 그날도 원님은 여느 때처럼 백성들의 하소연을 듣고 있었습니다. 모두가 도둑들에게 당한 사연이었습니다.

도둑들에게 소를 빼앗겼다는 농부가 물러간 뒤 원님이 말했습니다.

"다음은 누구냐? 들여보내라."

"예."

원님 앞에 나온 것은 허리가 굽은 할머니였습니다.

"그래, 무슨 일로 왔는가?"

원님이 할머니에게 물었습니다.

"긴히 드릴 말씀이 있어서……."

할머니가 조심스럽게 입을 열었습니다.

"말해 보거라."

"그냥은 말씀 못 드리겠고……. 잠시 귀 좀 빌려 주십시오."

"귀를?"

원님은 어리둥절한 표정으로 할머니를 쳐다보다가 할머니에게 다가갔습니다.

"이제 말해 보거라."

원님은 할머니 옆에 쭈그리고 앉았습니다. 그러자 할머니는 원님의 귀에 대고 한참 무어라고 소곤거렸습니다.

원님은 귓속말을 들으며 연신 고개를 끄덕였습니다.

할머니의 말이 끝나자 신기하게도 원님의 얼굴 표정이 밝아져 있었습니다. 조금 전까지도 얼굴에 근심이 가득하더니 말입니다.

원님을 찾아온 할머니는 보통 사람이 아니라 소백산의 산신령이었습니다. 산신은 오래 전부터 밤잠을 설치고 있었습니다. 산 속에 사는 도둑들이 매일 밤 술을 마시며 시끄럽게 떠들어 댔기 때문이었습니다.

산신은 귀를 틀어막으며 이를 부득부득 갈았습니다.

'고얀 놈들! 낮에는 강도질로 사람들을 괴롭히고, 밤에는 소란을 피

워 나를 괴롭혀? 어디 본때를 보여 줘야겠다. 모조리 관가에 잡아넣어야겠어.'

산신령은 이렇게 결심하고는 허리가 굽은 할머니로 변장하여 원님을 만나러 갔던 것입니다.

할머니는 단양 고을 관아에서 나오자마자 곧장 대재로 올라갔습니다. 고갯마루에 선 할머니는 나무가 빽빽이 들어찬 숲을 향해 큰 소리로 외쳤습니다.

"다자구야, 들자구야! 다자구야, 들자구야!"

할머니는 쉬지 않고 계속 외쳤습니다. 할머니의 목소리는 산골 구석구석까지 널리 울려 퍼졌습니다.

도둑들도 그 소리를 들었습니다.

"아니, 이게 무슨 소리지?"

"다자구는 뭐고 들자구는 뭐야? 희한한 주문도 다 있네."

도둑들은 소굴에서 나와 우르르 고갯마루로 몰려갔습니다.

할머니는 여전히 '다자구야, 들자구야'라고 외치고 있었습니다.

"꼼짝 말아라!"

도둑들은 칼을 뽑아들고 할머니를 자신들의 소굴로 데려갔습니다.

도둑의 우두머리가 할머니에게 물었습니다.

"조용한 산에서 고래고래 고함을 지르다니 겁도 없구나. 그 주문은 도대체 무슨 뜻이냐? 다자구는 뭐고 들자구는 뭐냔 말이다."

할머니가 대답했습니다.

"다자구는 제 큰아들 이름이고, 들자구는 작은아들 이름입니다."

"그런데 왜 산 속에서 아들의 이름을 부르느냐?"

"그것은……. 두 아들이 이 산에 있다는 소문을 들어서입니다. 둘 다 5년 전에 집을 나갔답니다."

도둑의 우두머리가 고개를 끄덕였습니다.

"그러니까 잃어버린 아들을 찾으러 왔구먼. 그런데 내 부하 가운데는 다자구나 들자구란 이름을 가진 사람은 없다. 5년째 아무 소식이 없다면 죽었다고 봐야지……. 그런데, 할멈!"

"예."

"이곳에 들어온 이상 살아서는 고이 돌려 보낼 수는 없으니 오늘부터 할멈은 우리를 위해 밥을 짓고 빨래를 해라. 그러면 목숨만은 살려 주겠다."

그리하여 할머니는 도둑들의 소굴에서 살게 되었습니다. 할머니는 도둑들을 위해 밥도 짓고 빨래도 하며 하루하루를 보냈습니다.

한편, 원님은 군사들을 불러 놓고 말했습니다.

"너희들은 대재 고갯마루에 있는 큰 바위 뒤에 숨어 있거라."

"예!"

군사들은 원님의 명을 따라 대재 고갯마루로 갔습니다. 그리고는 큰 바위 뒤에 몸을 숨겼습니다.

그날 밤, 도둑의 우두머리가 할머니를 불렀습니다.

"할멈."

"예."

"사흘 뒤에 내 생일 잔치를 벌일 것이니 잔치 준비를 하시오. 내 부하들이 잡아온 황소도 잡고, 술도 담그고……."

할머니는 도둑의 우두머리가 시키는 대로 이것저것 음식을 마련하여 잔치를 준비했습니다.

잔칫날이 되자 도둑들은 할머니가 만든 기름진 음식과 술을 먹으며 흥겹게 놀았습니다. 술에 취해 노래를 부르고 신이 나서 춤도 추었습니다.

이때, 할머니는 슬그머니 자리에서 빠져 나왔습니다. 그리고는 도둑들의 소굴 위쪽에 솟아 있는 큰 바위 위에 올라서서 대재 고갯마루를 향해 큰 소리로 외쳤습니다.

"들자구야, 들자구야!"

할머니는 '다자구야'는 부르지 않고 연거푸 '들자구야'만 몇 번 부르다가 소굴로 돌아왔습니다.

도둑의 우두머리가 물었습니다.

"할멈, 오늘같이 좋은 날에 왜 고함을 지르는 것이냐? 무슨 기분 나쁜 일이라도 있는 것이냐?"

"아닙니다. 오랜만에 기름진 음식을 보니 아들 생각이 나서 이름을 불러 본 겁니다."

"아들이 둘이라면서 왜 큰아들 이름은 부르지 않고 작은아들 이름만 불렀느냐?"

"예, 두 아들 이름을 한꺼번에 부르자니 목이 메어 작은아들 이름부터 불렀습니다. 큰아들 이름은 나중에 천천히 부르겠습니다."

술자리는 그리 오래 가지 못했습니다. 독한 술을 물 마시듯 많이 먹은 탓인지 도둑들은 술에 취해 하나 둘씩 쓰러지더니 나중에는 모두가 곯아떨어져 버렸습니다.

그러자 할머니는 미소를 지으며 자리에서 일어났습니다. 그리고 도둑 굴 위쪽에 있는 바위에 올라가 또 큰 소리로 외쳤습니다.

"다자구야, 다자구야!"

할머니의 목소리가 골짜기에 울려 퍼졌습니다.

대재 고갯마루에 숨어 있던 군사들은 이 '다자구야'라는 소리를 신호로 우르르 도둑들의 소굴로 쳐들어갔습니다.

술에 취해 곯아떨어져 있던 도둑들은 힘 한번 쓰지 못하고 모두 붙잡혔습니다. 그리고 모두 모조리 오랏줄에 묶여 감옥에 갇히게 되었습니다.

할머니가 원님에게 귓속말로 소곤거린 것은 도둑들을 잡기 위한 신호였습니다. '들자구야'는 '도둑들이 술잔을 들고 자지 않는다'는 뜻으로 좀 더 기다리라는 신호였습니다.

그리고 '다자구야'는 '모두 다 잠이 들었다'는 뜻이었습니다. 따라서 '다자구야'를 외치면 재빨리 달려와 기습하라는 의미였습니다.

할머니는 군사들과 이런 신호를 주고받아 산도둑들을 소탕할 수 있었던 것입니다.

이런 일이 있은 뒤부터 소백산 대재에서는 이런 민요가 불려지기 시작했습니다.

다자구야 다자구야, 언제 가면 잡나이까.
들자구야 들자구야, 지금 오면 안 됩니다.
다자구야 다자구야, 그때 와서 잡으라소.
들자구야 들자구야, 소리칠 때 기다리다.
다자구야 다자구야, 그때 와서 잡으라소.

단양 고을 원님은 소백산 산신령이 고마웠습니다.

그래서 대재 고갯마루의 큰 바위 앞에 돌로 제단을 쌓고는 해마다 직접 와서 산신령을 위한 제사를 지냈다고 합니다.

 풍신 신화

바람신이 된 손돌

병자호란 때의 일입니다.

청나라 군대가 물밀 듯이 쳐내려오자 인조 임금은 한양을 떠나 강화도로 피난을 떠나기로 했습니다.

신하들은 임금을 모시고 한강 나루터로 갔습니다. 나루터에는 임금을 강화도까지 데려다 줄 배 한 척이 기다리고 있었습니다.

임금이 배 위에 오르자 뱃사공이 노를 젓기 시작했습니다. 뱃사공의 이름은 '손돌'인데 배를 부리는 솜씨가 가장 뛰어나다고 하여 신하들이 특별히 그에게 뱃사공 일을 맡긴 것입니다.

손돌은 부지런히 노를 저어서 한강을 벗어나 바다 쪽으로 나아갔습니다.

그런데 근심스러운 표정으로 배 안에 앉아 있던 임금이 무엇을 보았는지 흠칫 놀라 했습니다.

"저, 저기 좀 보아라. 여울이 있지 않느냐."

임금은 앞쪽을 가리키며 신하들에게 말했습니다.

신하들이 임금이 가리킨 곳을 쳐다보니 정말 여울이 있었습니다.

"여, 여울이 틀림없는데요."

"그런데 뱃사공은 왜 저 위험한 곳으로 배를 모는지 모르겠다. 어이, 뱃사공! 배가 여울 쪽으로 가도 아무 일 없겠느냐?"

손돌이 대답했습니다.

"괜찮습니다. 제가 강화도까지 안전하게 모실 테니 상감마마께서는 아무 걱정 마십시오."

그러나 임금은 마음이 놓이지 않았습니다. 배가 여전히 물살이 세차게 흐르는 여울 쪽으로 가니 불안해서 견딜 수가 없었습니다.

"뱃사공, 아무래도 안 되겠으니 배를 돌리거라. 여울 쪽으로 가지 말고 다른 길로 가라."

그러나 손돌은 임금이 명령해도 듣지 않았습니다.

"상감마마, 강화도까지 가려면 반드시 이 길을 지나야 합니다. 다른 길로는 갈 수가 없습니다. 그리고 이 길은 그렇게 위험하지 않으니 저만 믿으십시오."

손돌이 고집을 부리자 임금은 불현듯 이런 생각이 들었습니다.

'저자가 혹시 적군이 보낸 첩자가 아닐까? 배를 뒤집히게 해서 나를 물에 빠뜨려 죽이라는 밀명을 받은 것이 틀림없어. 그러니까 내 명령을 어기면서까지 기를 쓰고 배를 여울 쪽으로 모는 거겠지.'

뱃사공을 내버려 둘 수 없었던 임금은 신하들에게 명령했습니다.

"저놈이 아무래도 수상하구나. 배를 위험한 곳으로 모는 걸 보면 내 목숨을 노리고 있는 게 분명하다. 여봐라, 당장 저놈의 목을 베어라."

손돌은 임금의 말에 노를 젓다 말고 임금 앞에 엎드렸습니다.

"상감마마, 천부당만부당한 말씀입니다. 제가 어찌 상감마마의 목숨을 노리겠습니까. 저는 상감마마를 빠르고 안전하게 모시려고 여울 쪽으로 배를 몰고 있을 뿐입니다."

"듣기 싫다! 네놈의 검은 속셈을 모를 줄 아느냐? 너는 적군의 사주를 받아 나를 죽이려는 거지?"

"상감마마, 절대 그렇지 않습니다. 저는 이 나

라 백성인데 어떻게 그런 흉계를 꾸미겠습니까?"

"네놈과 더 이상 입씨름을 하고 싶지 않다. 여봐라, 빨리 저놈의 목을 베어라!"

임금의 명령으로 한 신하가 칼을 뽑아 들고 손돌에게 다가갔습니다. 그러자 손돌은 임금을 올려다보며 말했습니다.

"상감마마를 강화도까지 모셔다 드리지 못하고 여기서 죽어야 하다니 참으로 원통합니다. 죽기 전에 한 가지 부탁이 있습니다. 이 배를 타고 무사히 강화도까지 가고 싶다면 제가 시키는 대로 하십시오. 제가 바가지를 드릴 테니 이 바가지를 물 위에 띄우십시오. 그리고는 바가지가 이끄는 대로 배를 저어 가시면 무사히 강화도에 도착할 것입니다."

손돌은 품속에서 바가지를 꺼내 임금에게 드리고는 큰절을 올리더니 신하의 칼을 받았습니다.

손돌이 죽은 뒤, 임금은 다른 뱃사공을 구해 와 노를 젓게 했습니다. 하지만 뱃사공의 배를 모는 솜씨는 형편 없었습니다. 뱃길을 찾지 못해 허둥댔고 바람이 불어서 배는 금방이라도 뒤집힐 듯 크게 흔들렸습니다.

보다 못해 임금이 명령을 내렸습니다.

"불안해서 안 되겠으니 죽은 뱃사공이 바친 바가지를 물 위에 띄우거라."

뱃사공은 바가지를 물 위에 띄워서 바가지가 흘러가는 대로 배를 몰았습니다.

신통하게도 바가지는 임금이 탄 배를 강화도까지 데려다 주었습니다.

그제야 임금은 자신의 잘못을 깨달았습니다.

"내가 공연히 뱃사공을 의심하여 아까운 목숨을 빼앗았구나. 여봐라, 뱃사공을 후하게 장사 지내 주고 무덤 옆에 사당을 지어 제사를 지내 주도록 하여라."

손돌이 죽은 날은 시월 스무날이었는데, 다음 해부터 시월 스무날만 되면 크고 강한 바람이 불어 배가 다닐 수 없게 되었습니다.

"억울하게 죽은 손돌이 풍신(바람신)이 되었군그래. 얼마나 원통하면 자기가 죽은 날에 큰 바람을 일으켜 배를 못 다니게 할까."

뱃사공들은 이렇게 말하며 해마다 시월 스무날이면 사당에서 손돌을 위로하는 제사를 올렸다고 합니다.

세상은 어떻게 생겨났을까? • 창세 신화

이승을 다스리는 소별왕과 저승을 다스리는 대별왕 • 소별왕, 대별왕 신화

염라대왕을 잡아오너라! • 저승 차사 강림 도령 신화

자청비와 문도령의 사랑 • 농경신 자청비, 문도령과 축산신 정수남 신화

효성스러운 바리 공주 • 무조신 바리 공주 신화

아기 낳는 일을 돕는 삼신 할멈 • 삼신 할멈 신화

무당이 부르는 노래 속의 신화

 창세 신화

세상은 어떻게 생겨났을까?

까마득히 먼 옛날에 가장 먼저 생긴 것은 하늘과 땅이었고 뒤이어 미륵이 태어났습니다.

하늘과 땅은 처음에는 찰싹 붙어 있었습니다. 그런데 미륵이 있는 힘을 다해 하늘을 밀어 올리자 하늘은 땅과 떨어져 위로 솟아올랐고 가운데가 솥뚜껑처럼 도드라졌습니다.

미륵은 이마에 흐르는 땀을 닦으며 중얼거렸습니다.

"하늘과 땅이 붙어 있을 때는 답답했는데 하늘과 땅을 떼어 놓으니 시원하구나. 그런데 하늘과 땅이 다시 붙어 버리면 어쩌지?"

미륵은 걱정스러운 눈빛으로 하늘과 땅을 번갈아 보았습니다.

"하늘이 내려오지 못하도록 기둥을 세워야겠어."

미륵은 거대한 구리 기둥을 네 개나 만들고는 그 구리 기둥을 땅의 네 귀퉁이에 박아 하늘을 받쳐 두었습니다.

"이제 됐다. 기둥을 세웠으니 하늘이 내려오지 못하겠지?"

미륵은 만족스러운 얼굴로 하늘을 쳐다보았습니다.

그 뒤부터 하늘에는 해와 달이 번갈아 떠올랐습니다. 낮에는 해가, 밤에는 달이 떠올랐는데 하나가 아니라 두 개씩이었습니다.

그러다 보니 문제가 생겼습니다. 뜨거운 해가 둘씩이나 이글이글 타오르니 낮에는 더워서 죽을 지경이었습니다. 그리고 차가운 달이 둘씩이나 떠 있으니 밤에는 추워서 얼어 죽기 직전이었습니다.

견디다 못한 미륵이 팔을 걷어붙이고 나섰습니다. 먼저 달 하나를 떼어 내 손에 힘을 주자 달이 잘게 부서졌습니다. 미륵은 부서진 달 조각들을 하늘을 향해 던졌는데, 이 달 조각들은 북두칠성과 남두칠성이 되었습니다.

미륵이 해도 하나 떼어 내 주먹으로 치자 조각조각 부서졌습니다. 미륵은 해 조각들도 하늘을 향해 던졌는데 작은 조각은 작은 별이 되었고 큰 조각은 큰 별이 되었습니다. 뒷날 작은 별은 백성들이 나이에 따라 운수를 알아보는 별로, 큰 별은 임금과 신하들의 별로 세상에 알려졌습니다.

일을 마친 미륵은 자신의 몸을 돌아보았습니다. 아무것도 입지 않은 벌거숭이였음을 알고는 옷을 만들어 입기로 했습니다.

'옷을 만들려면 옷감이 있어야 해. 옷감은 어디서 구하지?'

미륵은 생각다 못해 옷감도 스스로 마련하기로 했습니다.

그래서 이 산 저 산에 뻗어 있는 칡덩굴을 캐내 그 껍질을 벗겨 실을 뽑아 냈습니다. 그리고는 하늘 아래에 베틀을 놓고 구름 위에 앉아 옷감을 짜냈습니다.

미륵이 만들어낸 옷은 어마어마하게 컸습니다. 미륵이 땅에 발을 디딘 채 구름 위에 앉고 선 채로는 해와 달을 떼어 낼 정도였으니 그

키에 맞는 옷이 얼마나 컸는지 짐작이 갈 만합니다.

미륵은 옷감을 짜고 옷을 만드느라 며칠 동안 아무것도 먹지 못했습니다. 배가 고팠지만 물도 없고 불도 없어서 곡식을 날것으로 먹어야 했습니다.

'날것으로 먹으니까 맛도 없고 소화도 안 되네. 물과 불을 찾아서 음식을 끓여 먹어야겠다.'

이렇게 생각한 미륵은 풀숲에서 메뚜기 한 마리를 잡아서 물었습니다.

"애야, 물과 불이 어디서 나는지 아니?"

메뚜기가 미륵을 올려다보며 대답했습니다.

"아저씨도 참, 제가 그걸 어떻게 알아요? 저는 밤에는 이슬, 낮에는 햇빛이나 받아 먹고 사는걸요. 개구리가 저보다 오래 살았으니 개구리를 잡아다가 물어 보세요."

그래서 미륵은 메뚜기를 놓아 주고 개구리를 붙잡아 물었습니다.

"개구리야, 너는 메뚜기보다 오래 살아서 아는 것이 많다지? 물과 불이 어디서 나는지 가르쳐 다오."

개구리가 대답했습니다.

"저는 밤에는 이슬, 낮에는 햇빛이나 받아 먹고 사는 동물이에요. 그런 주제에 물과 불이 어디서 나는지 어떻게 알겠어요? 생쥐가 저보다 오래 살았으니 생쥐를 잡아다가 물어 보세요."

그래서 미륵은 개구리를 놓아 주고 생쥐를 붙잡아 물었습니다.

"생쥐야, 너는 개구리보다 오래 살아 아는 것이 많다지? 물과 불이 어디서 나는지 가르쳐 다오."

생쥐가 콩알만 한 눈을 반짝이며 되물었습니다.

"물과 불이 어디서 나는지 가르쳐 드리면 저한테 무엇을 주실 거죠?"

미륵이 대답했습니다.

"이 세상에 있는 모든 쌀독을 너한테 주마."

"좋아요. 가르쳐 드리지요. 불을 구하려면 금정산에 들어가세요. 그곳에는 차돌과 쇠가 있는데, 이 둘을 부딪치면 불이 날 거예요."

"오, 그래? 그럼 물은 어디 가면 구할 수 있느냐?"

"소하산에 가셔야지요. 거기에는 물이 퐁퐁 솟는 샘이 하나 있거든요."

미륵은 기쁜 표정을 지으며 말했습니다.

"가르쳐 줘서 고맙다. 약속대로 이 세상에 있는 모든 쌀독은 네 것이다."

이리하여 생쥐는 그때부터 사람들의 집을 아무 때나 드나들며 쌀독에 담긴 쌀을 배불리 먹게 되었습니다.

미륵도 생쥐 덕분에 곡식에 물을 부은 뒤 끓여 먹을 수 있게 되었습니다.

미륵은 온 세상을 둘러보며 흐뭇하게 웃었습니다.

'이만하면 살기 좋은 세상이 되었어. 이제 사람을 만들어 여기서 살게 해야겠다.'

미륵은 금쟁반과 은쟁반을 구하여 양손에 받쳐 들고는 하늘을 우러러보며 노래를 불렀습니다.

그러자 하늘에서 벌레들이 떨어졌습니다. 금쟁반에는 금벌레 다섯 마리가, 은쟁반에는 은벌레 다섯 마리가 떨어졌습니다.

벌레들은 쑥쑥 자라나 금벌레는 남자가, 은벌레는 여자가 되었습니다.

미륵이 남자와 여자들을 짝지어 주자 다섯 쌍의 부부가 생겨났고, 이들이 낳은 아이들로 세상에는 많은 사람들이 생겨나게 되었습니다.

미륵은 세상을 돌아보았습니다. 사람들은 모두가 착하고 순수해서 싸움 한번 하지 않고 사이좋게 살았습니다. 남의 것을 빼앗거나 남을 속이는 악한 사람은 아무도 없었습니다.

어느 날, 석가가 이 세상을 내려다보고 군침을 흘렸습니다.

'참으로 아름다운 세상이로구나. 내가 이 세상을 차지해야겠다.'

석가가 세상으로 내려가 미륵에게 말했습니다.

"이 세상을 나한테 넘겨주시지. 네 시대는 이제 끝났다."

"무슨 소리! 이 세상을 얼마나 다스렸다고 그래! 쓸데없는 소리 하지 말고 썩 물러가."

"물러가지 않겠다면 할 수 없군. 강제로라도 빼앗는 수밖에……."

석가는 금방이라도 덤벼들 기세였습니다.

그러나 석가와 싸우고 싶지 않았던 미륵이 한 가지 제의를 했습니다.

"누가 이 세상을 다스릴지 내기해서 결정하도록 하자. 지는 쪽이 깨끗이 물러가는 거다."

"좋아. 내가 이길 것이 뻔하니 보따리부터 싸 두시지."

그리하여 첫 번째 내기가 시작되었습니다.

병에 줄을 달아 동해 바다에 던져 줄이 끊어지지 않는 쪽이 이기는 것이었습니다. 미륵은 금병에 금줄을 달고, 석가는 은병에 은줄을 달아서 나란히 동해 바다에 던졌는데 석가의 은줄이 끊어지고 말았습니다.

첫 번째 내기에서 진 석가가 두 번째 내기를 하자고 우겼습니다. 미륵은 입씨름을 하고 싶지 않아 다시 한 번 내기에 응했습니다.

두 번째 내기는 더운 여름철에 성천강의 강물을 누가 먼저 얼게 하는지였습니다.

미륵과 석가는 성천강의 강물을 얼게 하려고 부채를 준비했습니다. 미륵은 동지 부채이고, 석가는 입춘 부채였습니다. 미륵이 먼저 동지 부채로 바람을 일으키자 성천강의 강물은 금세 얼어붙어 버렸습니다. 석가도 성천강의 강물을 녹인 뒤 입춘 부채로 바람을 일으켰지만 강물은 얼어붙지 않았습니다.

석가는 두 번째 내기에서 졌는데도 또 내기를 하자고 졸랐습니다. 세 번째 내기는 한 방에 누워 자면서 누가 무릎 위에 모란꽃을 피우는지였습니다.

미륵은 방 안에 눕자마자 잠이 들었습니다. 그러나 자지 않고 기다렸던 석가가 미륵의 무릎 위에 피어난 모란꽃을 꺾어 자신의 무릎 위에 꽂아 두었습니다.

잠이 깬 미륵이 이 사실을 알고 탄식했습니다.

"네가 이 세상을 차지하려고 못된 짓을 했구나. 아마 그 모란꽃은 열흘도 못 되어 시들어 버릴 거야. 땅에 심더라도 십 년을 넘기기 어려울 테고……."

미륵은 이 세상을 석가에게 넘겨주며 말했습니다.

"엉큼하고 못된 석가야. 네가 이 세상을 다스리면 마을마다 솟대가 서고, 집집마다 기생이 나고, 집집마다 과부가 나고, 집집마다 무당이 나고, 집집마다 역적이 나고, 집집마다 백정이 난다. 네가 이 세상을 다스리면 스님 3천 명에 거사 1천 명이 난다. 이런 세상이 말세가 아니고 무엇이냐?"

미륵이 예언한 대로 이 세상에는 악한 사람들이 많이 생겨났습니다. 그래서 하루가 멀다 하고 지금까지도 온갖 범죄가 일어나게 되었다고 합니다.

(출전 : 함경도 지방의 무당 노래 《창세가》)

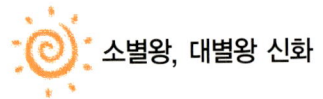 소별왕, 대별왕 신화

이승을 다스리는 소별왕과 저승을 다스리는 대별왕

　오랜 옛날, 하늘과 땅이 처음 생겼을 때 이 세상은 어둠에 휩싸여 있었습니다. 하늘과 땅이 오늘날처럼 떨어져 있지 않고 하나로 붙어 있었기 때문입니다.

　그런데 이런 혼돈 상태는 언제까지나 계속되지 않았습니다. 어느 날, 하늘과 땅 사이에 금이 가기 시작하더니 위는 하늘, 아래는 땅으로 갈라져 조금씩 떨어졌기 때문입니다.

　땅에서는 산이 솟아올랐고 골짜기가 생겨 물이 흘러내렸습니다. 흘러내린 물은 아래로 계속 흘러내려 강과 바다를 이루었습니다.

　또한 하늘에서는 푸른 이슬이 내리고 땅에서는 검은 이슬이 솟아올랐는데, 이 두 가지 이슬이 하나로 합쳐지면서 이 세상에는 만물이 생겨나기 시작했습니다.

가장 먼저 생겨난 것은 반짝이는 별이었습니다. 견우성, 직녀성, 노인성, 북극성 등이 하늘의 동서남북을 채웠고 크고 작은 별들이 하나 둘 밤하늘에 나타났습니다.

그리고 땅에서는 온갖 풀과 나무, 물고기, 동물, 사람까지도 생겨났습니다.

하지만 이때까지도 세상은 아직 해와 달이 없어서 어두컴컴했습니다.

그러던 어느 날, 하늘의 닭이 날개를 치며 목을 길게 빼고 우렁차게 울었습니다. 그러자 먼동이 트기 시작하더니 동쪽 하늘에 해가 떠올랐습니다. 그런데 놀랍게도 해가 하나가 아니라 둘이었습니다.

저녁이 되자 해가 지고 달이 떠올랐는데 달도 하나가 아니라 둘이었습니다.

이렇게 해와 달이 하늘에 두 개씩이나 떠 있으니 땅에서 살아가는 생물들은 낮에는 찌는 듯한 더위로 밤에는 살을 에는 듯한 추위로 죽을 지경이었습니다.

그뿐만이 아니었습니다. 당시만 해도 사람과 동물은 물론 풀과 나무까지도 말을 할 줄 알았는데, 이들은 잠시도 쉬지 않고 떠들어 댔습니다. 그러다 보니 온 세상이 조용할 날이 없었습니다.

게다가 그때는 사람과 귀신의 구별이 없어서 귀신을 부르면 사람이 대답하고, 사람을 부르면 귀신이 대답해서 세상은 온통 뒤죽박죽이었습니다.
 　이때 하늘나라 임금은 '천지왕'으로 불리는 옥황상제였는데 신들이 사는 하늘나라뿐 아니라 살아 있는 사람들의 세상인 이승과 죽은

사람들의 세상인 저승도 함께 다스리고 있었습니다. 그래서 옥황상제는 '천지왕'이라고 불렸습니다.

천지왕은 이승을 내려다볼 때마다 긴 한숨을 내쉬었습니다. 세상은 혼란에 빠져 있고 모든 생물이 고통을 겪고 있었기 때문입니다.

'이 세상을 바로잡아야 할 텐데 큰일이구나. 무슨 좋은 수가 없을까?'

천지왕은 밤늦게까지 머리를 감싸 쥐고 고민했지만 뾰족한 수가 떠오르지 않았습니다.

어느 날, 고민을 하다 지쳐 쓰러져 잠이 든 천지왕은 이상한 꿈을 꾸었습니다. 해와 달을 하나씩 꿀꺽 삼키는 꿈이었습니다.

잠에서 깨어난 천지왕은 생각에 잠겼습니다.

'으음, 이 꿈은 아이를 얻을 태몽이 틀림없어. 하나가 아니라 둘이니 자식이 생기면 이승과 저승을 맡겨 다스리게 하면 되겠구나.'

그러나 천지왕은 장가를 들지 않아 아내가 없었습니다. 자식을 얻으려면 먼저 결혼을 해야 했습니다.

하늘나라에는 마땅한 신붓감이 없어 천지왕은 인간 세상을 내려다보았습니다. 그랬더니 지국성이란 곳에 사는 슬기 부인의 딸이 눈에 띄었습니다. '총명'이란 이름으로 이름에 어울리게 영리하고 재주가 있는 처녀였습니다.

'옳지, 저 처녀를 아내로 삼으면 되겠구나.'

천지왕은 이렇게 마음을 정하고 인간 세상으로 내려가 처녀의 집을 찾아가서 말했습니다.

"지나가는 나그네입니다. 하룻밤 신세를 졌으면 합니다."

"집 안이 누추한데……. 괜찮으시다면 안으로 드시지요."

총명 처녀는 천지왕에게 방 하나를 내주고 부엌으로 들어갔습니다.

'손님에게 저녁을 대접해야 하는데 쌀이 한 톨도 없네. 이를 어쩌지?'

손님을 굶길 수는 없었던 총명 처녀는 쌀을 꾸어 오려고 빈 바가지를 들고 집을 나섰습니다.

총명 처녀는 '수명장자'라고 하는 부잣집에 가서 쌀 한 되를 꾸었습니다. 그런데 수명장자는 쌀을 내주면서 퉁명스럽게 말했습니다.

"빌려 주는 것을 고맙게 생각해. 그리고 두 배로 갚아야 한다는 것을 잊지 말고……."

총명 처녀는 바구니에 쌀을 담아 들고 집으로 돌아왔습니다.

쌀은 하얀 모래가 반 되나 섞여 있어 쌀을 열 번이나 씻어야 할 만큼 형편 없었습니다. 결국 모든 모래를 걸러 내지는 못한 채 천지왕에게 밥상을 차려 주었습니다.

천지왕은 첫 숟가락에 모래를 씹고 말았습니다.

"우드득!"

천지왕은 얼굴을 찡그리며 모래를 뱉어 내고는 못마땅한 표정을 지으며 말했습니다.

"밥에 모래가 그득하니 어찌 된 일이오?"

"죄송합니다. 쌀이 떨어져 수명장자 댁에 가서 쌀을 꾸어 왔는데 반은 쌀이고 반은 모래였습니다. 그래서 열 번이나 쌀을 씻었는데도 여전히 모래가 남아 있었나 봅니다."

"가난한 처녀에게 쌀을 꾸어 주면서 절반이나 모래를 섞어? 어떻게 그런 짓을 할 수 있단 말인가? 도저히 믿어지지 않는군."

"틀림없는 사실입니다. 수명장자는 가난한 사람들에게 그처럼 못된 짓을 해서 부자가 된 사람입니다. 쌀을 꾸어 달라고 하면 하얀 모래를 섞어 주고, 좁쌀을 꾸어 달라고 하면 검은 모래를 섞어 준답니다. 그것도 절반이나 작은 되에 담아서요. 그리고는 꾸어 준 곡식을 받을 때는 큰 되로 꼭 두 배를 받아 내지요."

"아주 괘씸한 놈이로구나. 사람의 탈을 쓰고 어떻게 그럴 수가 있나."

"수명장자의 자식들도 아버지 못지않습니다. 수명장자의 딸은 자기네 식구들에게는 좋은 장을 먹이면서 일꾼들을 부릴 때는 썩은 장을 먹인답니다. 그리고 수명장자의 아들은 말과 소에게 물을 먹여 오라고 하면 물가에 다녀온 것처럼 보이려고 오줌을 누어 발굽에 적신답니다. 그렇게 해서 말과 소에게 줄 물까지 굶겼으니 먹이야 어디 제대로 주었겠습니까?"

천지왕은 화가 나서 얼굴이 붉으락푸르락했습니다.

"천하에 못된 집안이로구나. 하늘 무서운 줄 모르고 나쁜 짓만 골라 해? 이놈들에게 천벌을 내려야겠다."

천지왕은 하늘을 향해 소리쳤습니다.

"벼락 장군, 벼락 사자, 우레 장군, 우레 사자, 화덕 장군, 화덕 사자,

내려오너라!"

이윽고 하늘나라에서 여러 장군들과 사자들이 내려왔습니다.

천지왕은 이들에게 명령을 내렸습니다.

"너희들은 수명장자의 집에 불을 지르도록 해라!"

"예, 알겠습니다."

장군과 사자들은 우르르 몰려가서 수명장자의 집에 불을 질렀습니다. 수명장자의 집은 홀딱 다 타서 잿더미만 남았고 안에 있던 사람들도 전부 다 불에 타 죽고 말았습니다.

천지왕은 다시 또 명령을 내렸습니다.

"수명장자는 가난한 사람들을 상대로 쌀을 가지고 장난쳤으니 큰 벌을 받아야 한다. 지옥으로 쫓아 보내 3만 년 동안 아무것도 먹이지 마라. 그런 다음 지옥에서도 내쫓아 객귀(객지에서 죽은 사람의 혼령)가 되어 떠돌아다니게 하라."

천지왕은 수명장자의 자식들에게도 벌을 내렸습니다.

"수명장자의 딸은 일꾼들에게 못된 짓을 했으니 엉덩이에 부러진 숟가락을 꽂아 팥벌레로 태어나게 하라. 그리고 수명장자의 아들은 말과 소에게 몹쓸 짓을 했으니 솔개로 태어나게 해 꼬부라진 부리로 비 온 뒤에 날개에 고인 물을 핥아먹게 하라."

그 후, 천지왕은 총명 처녀를 아내로 맞이하고 싶다며 슬기 부인의 허락을 얻어 결혼했습니다.

천지왕은 부인과 스무하루를 같이 보내고는 하늘나라로 돌아가며 부인에게 이렇게 당부했습니다.

"나중에 쌍둥이 형제를 낳으면 큰아들은 대별왕, 작은아들은 소별왕이라 이름을 지으시오."

그러면서 천지왕은 박씨 두 개를 건네주었습니다.

"나는 하늘나라를 다스리는 천지왕이오. 아들들이 자라서 나를 찾으면 이 박씨를 하나씩 주어 1월 첫 돼지날에 마당에 심으라고 이르시오. 그러면 덩굴이 자라 하늘을 향해 뻗어서 나를 만나러 올 수 있을 것이오."

총명 부인은 천지왕이 하늘나라로 돌아간 뒤 배가 불러와 쌍둥이 형제를 낳았습니다. 그녀는 천지왕이 일러 준 대로 큰아들은 대별왕, 작은아들은 소별왕이라고 이름을 지었습니다.

쌍둥이 형제는 씩씩하게 잘 자라 글방에서 공부하게 되었습니다. 하지만 아버지가 없다고 글방에서 아이들에게 놀림을 받기 일쑤였습니다.

어느 날, 형제는 엉엉 울며 돌아와 어머니에게 물었습니다.

"어머니, 왜 우리에게는 아버지가 없어요?"

총명 부인이 대답했습니다.

"너희 아버지는 하늘나라에 계신 하늘나라 임금 천지왕이란다. 아버지를 만나고 싶으면 1월 첫 돼지날에 마당에 박씨를 심어라."

총명 부인은 두 아들에게 천지왕이 주고 간 박씨를 하나씩 주었습니다. 이듬해 1월 첫 돼지날에 마당에 심은 박씨는 바로 싹이 나서 쑥쑥 자라 덩굴이 되어 하늘 끝까지 뻗어 올랐습니다. 대별왕과 소별왕은 박덩굴을 타고 하늘나라로 올라갔습니다. 박덩굴 끝이 임금이 앉는 용상에 닿아 있어 용상의 왼쪽 뿔에 감겨져 있었습니다. 하지만 천지왕의 모습은 보이지 않았습니다.

"이 의자가 하늘나라 임금님이 앉는 의자로구나."

"하늘나라 임금님은 어디 가시고 빈 의자만 있는 거지?"

형제는 용상에 서로 앉으려고 몸싸움을 벌였습니다. 그러다가 그만 용상의 왼쪽 뿔이 부러져 바닥에 떨어지고 말았습니다.

이때부터 우리나라 임금의 용상에는 왼쪽 뿔이 없어지게 된 것이라고 합니다.

그때 천지왕이 나타나 형제를 보고 첫눈에 자신의 아들임을 알아보았습니다.

"오, 너희들이 대별왕과 소별왕이구나. 아버지가 없어도 잘 자라 주었구나."

천지왕은 크게 기뻐하며 두 아들을 반겼습니다.

"너희들이 오길 기다렸다. 이제 나를 좀 도와 주거라. 나는 하늘나라만 맡을 테니 너희들이 인간 세상을 맡아서 대별왕은 이승을 맡아 다스리고, 소별왕은 저승을 맡아 다스려라."

천지왕은 처음 생각했던 대로 쌍둥이 형제에게 인간 세상을 다스리게 했습니다.

그런데 저승보다 이승을 다스리고 싶었던 소별왕은 대별왕에게 '수수께끼를 내어 이기는 쪽이 이승을 맡자'고 제의했습니다. 대별왕도 이 제의를 받아들여 먼저 수수께끼를 냈습니다.

"아우야, 어떤 나무는 일 년 내내 잎이 지지 않는데, 어떤 나무는 잎이 지느냐?"

"형님, 속이 꽉 찬 나무는 일 년 내내 잎이 지지 않고, 속이 빈 나무가 잎이 집니다."

"모르는 소리 하지 마라. 갈대는 속이 비어 있어도 잎이 지지 않잖니."

대별왕은 다시 수수께끼를 냈습니다.

"아우야, 언덕에 있는 풀과 언덕 아래에 있는 풀 가운데 어느 쪽이 더 잘 자라느냐?"

"형님, 비가 오면 언덕에 있는 흙이 아래로 씻겨 내려가 언덕에 있는 풀보다 언덕 아래에 있는 풀이 더 잘 자랍니다."

"틀렸다. 사람을 좀 봐라. 머리카락은 높은 데 있어도 잘 자라고, 발등에 있는 털은 낮은 데 있어도 잘 자라지 못해서 짧잖니."

소별왕은 이번에도 졌습니다.

'수수께끼로는 형을 이기지 못하겠어. 다른 내기를 해야겠다.'

이렇게 생각한 소별왕은 대별왕에게 꽃을 심어 가꾸자고 했습니다. 잘 가꿔서 크고 탐스러운 꽃을 피운 쪽이 이승을 차지하기로 했습니다.

대별왕과 소별왕은 서천꽃밭에 가서 꽃씨를 얻어와 은동이에 꽃씨를 심어 싹을 틔웠습니다. 그리고 온 정성을 다해 꽃을 피웠습니다. 얼마 지나서 보니 형이 피운 꽃은 크고 탐스러운데, 동생이 피운 꽃은 작고 시들시들했습니다.

이렇게 되자 동생은 초조해졌습니다.

'이번에도 또 형에게 지겠는걸. 안 되겠다. 꾀를 내어 형의 꽃과 내 꽃을 바꿔치기 해야겠다.'

소별왕은 이런 생각을 하고 대별왕에게 말했습니다.

"형님, 꽃을 피우느라 고생 많았지요? 피곤한데 잠이나 푹 주무세요. 누구 꽃이 크고 탐스러운지는 자고 나서 확인하시구요."

"그래, 그렇게 하자."

대별왕은 동생의 말을 믿고 바로 잠이 들었습니다.

그러나 소별왕은 잠자는 척하다가 형의 꽃과 자신의 꽃을 바꿔치기 하고는 잠시 뒤에 형을 깨웠습니다.

"형님, 일어나세요. 형님 꽃이 시들어 버린 것도 모르고 쿨쿨 잠만 자면 어떡해요?"

대별왕은 눈을 비비고 일어나 동생이 가리키는 꽃을 보았습니다.

"저런! 내 꽃이 다 시들었네. 이번에는 내가 졌다."

내기에 진 대별왕은 이승을 동생에게 넘겨주었습니다.

형을 속여 이승을 다스리게 된 소별왕은 이승으로 갔습니다. 그러나 그는 얼마 안 되어 이승에 온 것을 후회하게 되었습니다. 살아 있는 사람들의 세상인 이승은 한 마디로 말해서 난장판이었던 것입니다.

사람들은 서로 속이고 싸우며 온갖 죄를 저질렀습니다. 그리고 사람뿐 아니라 동물과 풀, 나무들까지 떠들어 잠시도 조용할 날이 없었습니다. 게다가 무엇보다 힘든 것은 해와 달이 두 개여서 더위로 죽거나 추위를 타서 죽는 사람이 계속 늘어나고 있다는 점이었습니다.

소별왕은 자신의 힘으로는 도저히 이승을 다스릴 수 없었습니다. 그래서 그는 저승에 있는 형에게 사정을 털어놓았습니다.

"형님, 바늘방석에 앉은 것 같아요. 이승을 다스리기가 이처럼 힘든 줄은 미처 몰랐어요. 제발 나를 좀 도와 줘요."

동생의 간절한 청을 외면할 수 없었던 대별왕은 먼저 천 근짜리 활과 화살 두 개를 만들었습니다. 그리고는 이승으로 가서 해 하나를 겨냥해 활로 쏘아 떨어뜨렸습니다. 활에 맞은 해는 동해 바다에 빠져 잠겨 버렸습니다.

대별왕은 밤이 되기를 기다려 달 하나도 활로 쏘아 맞혔습니다. 달은 서해 바다에 떨어졌습니다.

이렇게 해서 하늘에는 해와 달이 하나씩 남게 되어 더위와 추위로 죽는 사람이 더 이상 나오지 않게 되었습니다.

그 다음, 대별왕은 송홧가루 닷 말 닷 되를 마련하여 온 땅에 뿌렸습니다. 그랬더니 동물과 풀, 나무의 혀가 굳어져 더 이상 말을 할 수 없게 되었습니다. 말을 할 줄 아는 것은 오로지 사람뿐이었습니다. 그리하여 세상은 아주 조용해졌습니다.

또한, 대별왕은 저울로 무게를 달아 백 근이 넘으면 사람으로 하고 백 근이 안 되면 귀신으로 두어 사람과 귀신을 구분할 수 있도록 하였습니다.

"형님, 고맙습니다. 이제부터는 제 힘으로 이승을 다스리도록 하지요."

대별왕이 이 모든 일을 마치고 저승으로 떠나자 다시 소별왕이 이승을 다스리기 시작했습니다.

그러나 형보다 똑똑하지 못한 소별왕은 세상을 정의롭고 공정하게 다스리지 못해 이승에는 아직도 살인자, 도둑, 싸움꾼, 사기꾼이 많이 있는 것이라고 합니다.

하지만 대별왕이 다스리는 저승에는 그런 것들이 전혀 없다고 하는군요.

(출전 : 제주도 지방의 무당 노래 《천지왕본풀이》)

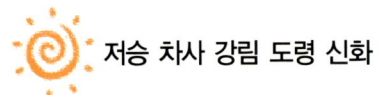 저승 차사 강림 도령 신화

염라대왕을 잡아오너라!

옛날 동경국이란 나라에 버물왕이란 임금이 있었습니다.

버물왕은 백성들이 우러러보는 높은 자리에 있었지만 지독하게도 자식복이 없었습니다. 아홉 명의 아들 가운데 위아래로 세 아들을 병으로 잇달아 잃은 것입니다.

이제 남은 자식은 가운데 있는 세 아들뿐이었습니다. 버물왕은 세 아들들을 금이야 옥이야 키웠습니다.

첫째 아들이 열두 살, 둘째 아들이 열한 살, 막내 아들이 열 살이 되어 글방에 다니고 있을 때였습니다.

어느 날, 한 스님이 궁전으로 찾아와 세 아이를 보더니 혀를 끌끌 차며 말했습니다.

"왕자님들의 명이 짧군요. 앞으로 3년을 넘기기 어렵겠어요."

버물왕은 얼굴이 하얗게 질렸습니다.

이미 여섯 아들을 잃은 터라 스님의 말을 듣고 놀라지 않을 수 없었습니다.

버물왕은 아이들을 살릴 방법을 가르쳐 달라고 스님에게 매달렸습니다. 그래서 겨우 그 방법을 알아 냈는데 세 아들을 스님으로 만들어 3년 동안 절에서 불공을 드리게 하면 목숨을 건질 수 있다는 것이었습니다.

버물왕은 세 아들의 머리를 깎아 스님에게 보냈습니다. 그래서 세 아들은 스님이 되어 절에서 염불을 외우며 지내게 되었습니다.

드디어 3년이라는 시간이 흘렀습니다.

한편, 저승에서는 염라대왕이 차사 셋을 불러 말했습니다.

"버물왕의 세 아들이 수명이 다 됐으니 어서 가서 데려오너라."

차사들은 염라대왕의 명을 받들어 삼 형제를 잡으려고 동경국으로 갔습니다. 하지만 삼 형제가 절에 있었기 때문에 궁전에 없었습니다.

차사들은 삼 형제를 데려오려고 절을 찾아갔습니다. 그런데 그 절은 스님이 삼천 명에 이르는 큰 절이어서 이름을 바꾸고 스님이 된 삼 형제를 찾기가 어려웠습니다.

"모든 사람이 머리를 깎고 승복을 입고 있어서 누가 누군지 모르겠네."

"내 눈에도 모두 한 사람으로 보이는걸."

차사들은 사나흘을 찾아 헤매다가 결국엔 포기하고 다른 사람들을 대신 잡아 저승으로 돌아갔습니다. 이리하여 삼 형제는 죽음을 면할 수 있었습니다.

만 3년이 되는 날, 삼 형제를 절에 데려왔던 스님이 삼 형제를 불러 말했습니다.

"그동안 불공을 드리느라 고생 많았지? 이제 3년이 되었으니 집으로 돌아가도 좋다."

삼 형제는 집으로 돌아갈 수 있다는 말에 좋아 어쩔 줄을 몰랐습니다. 그동안 부모님이 그리워 날마다 눈물을 흘리며 지냈던 것입니다.

삼 형제는 여장을 꾸려 스님에게 하직 인사를 드렸습니다.

이때 스님이 삼 형제에게 비단 아홉 필을 주며 단단히 일렀습니다.

"동경국에 가려면 광양 땅을 지나야 하는데 그곳에서는 아무것도 얻어먹지 말아라. 그리고 연화못이란 연못 근처에 사는 과양생이의 아내를 조심하거라."

삼형제는 스님의 말을 가슴에 새기고 고향을 향해 떠났습니다.

동경국으로 가는 길은 멀고도 험했지만 이들의 발걸음은 부모님을 만날 생각에 가볍기만 했습니다.

삼 형제는 며칠을 걸어 드디어 광양 땅에 다다랐습니다.

이때 마침 날이 저물고 있었습니다.

그들은 스님이 말한 연화못과 그 근처에 있는 과양생이의 집 앞에 이르렀지만 그때까지도 이 집이 과양생이의 집이라는 사실을 까맣게 몰랐습니다.

그들은 하루 종일 쉬지 않고 걸어와 몹시 지쳐 있었습니다. 배도 고프고 졸리기도 했습니다.

"이 근방에는 주막이 없나 봐. 하룻밤 묵어가야 하는데 어디서 자지?"

"차라리 이 집에 들어가 청해 볼까? 헛간이라도 좋으니 잠시 눈 좀 붙이고 가게 해 달라고……."

"다른 집이 없으니 그렇게 하자."

삼 형제는 과양생이의 집 대문을 두드렸습니다.

잠시 뒤, 과양생이의 아내가 대문을 열고 나왔습니다. 삼 형제가 하룻밤 묵어가게 해 달라고 청하자 과양생이의 아내는 그들이 짊어진 비단을 보고는 환하게 웃으며 말했습니다.

"어서 안으로 들어오세요. 저희 집에 빈 방이 여러 개 있거든요."

과양생이의 아내는 비단을 보자 군침을 흘렸습니다. 비단에 욕심이 생긴 것입니다.

과양생이의 아내는 삼 형제를 집 안으로 들이고 저녁상을 차려 왔습니다. 상 위에는 맛있는 고기 안주와 독한 술이 놓여 있었습니다.

"호호호, 저희 집에 잘 오셨어요. 바깥양반이 술을 좋아해서 저희 집에는 좋은 술이 많이 있거든요. 이 술을 드세요. 한 잔을 마시면 천 년을 살고, 또 한 잔을 마시면 만 년을 산답니다. 석 잔을 마시면 몇 년을 사냐고요? 호호, 놀라지 마세요. 무려 9만 년을 살아요."

과양생이의 아내는 호들갑스럽게 떠들어 대며 삼 형제에게 술을 권했습니다. 때마침 목이 마르고 시장하던 참이라 그들은 권하는 대로 술을 받아 마셨습니다. 그리하여 나중에는 셋 다 술에 취해 곯아떨어졌습니다.

잠시 후, 과양생이의 아내는 펄펄 끓인 참기름을 곯아떨어진 삼 형제의 귓속에 쏟아 부어서 삼 형제를 그 자리에서 죽여 버리고 말았습니다.

그리고 비단을 가로챈 과양생이의 아내는 삼 형제의 시신을 큰 돌에 매달아 연화못 속에 던져 버렸습니다.

그로부터 며칠 뒤, 그녀는 연못가로 왔다가 전에는 보지 못했던 연꽃 세 송이를 보았습니다.

'어머, 연꽃이 정말 이쁘네!'

연꽃이 마음에 들었던 과양생이의 아내는 세 송이를 꺾어 집으로 가져온 뒤 한 송이는 대문 위에, 나머지 두 송이는 앞문과 뒷문 위에 각각 꽂아 두었습니다. 집을 드나들 때마다 꽃을 구경하기 위해서였습니다.

그런데 꽃을 꽂은 날부터 희한한 일이 벌어졌습니다. 다른 사람들이 드나들 때는 꽃이 스스로 움직여 머리를 쓰다듬어 주었는데, 과양생이의 아내가 드나들 때는 꽃이 그녀의 머리를 때리고 머리카락을 잡아당기는 것이었습니다.

화가 머리끝까지 난 과양생이의 아내는 꽃을 화롯불 속에 집어 넣어 태워 버렸습니다.

잠시 뒤, 청태국 마귀할멈이 과양생이의 아내에게 불씨를 빌리러 왔습니다. 마귀할멈이 화로를 헤치자 불씨는 없고 구슬 세 개가 나오는 것이었습니다.

그때 구슬을 본 과양생이의 아내가 달려와 소리쳤습니다.

"구슬에 손대지 마! 내 거야!"

과양생이의 아내는 마귀할멈으로부터 구슬을 빼앗아서는 입 안에 넣었습니다. 그리고는 입 안에서 이리저리 굴리다가 저도 모르게 꿀꺽 삼키고 말았습니다.

이런 일이 있고 나서 어느덧 세월이 흘러 과양생이의 아내는 임신해서 세 쌍둥이 형제를 낳게 되었습니다. 과양생이 부부에게는 자식이 없었기 때문에 한꺼번에 아들 셋을 얻게 돼서 기뻐 어쩔 줄을 몰랐습니다.

과양생이 부부는 세 아들을 정성껏 키웠습니다.

삼 형제는 또래들과는 확실히 달랐습니다. 얼마나 총명하고 지혜로운지 하나를 가르치면 열을 알았습니다.

열다섯 살이 되자 삼 형제는 과거를 보았습니다. 삼 형제는 차례로 1등, 2등, 3등을 차지하여 사람들을 놀라게 했습니다.

과양생이 부부는 과거에 급제한 세 아들이 화려한 관복을 입고 말을 탄 채 고향집에 도착하자 입이 함박만 해졌습니다. 너무 좋아 춤이라도 덩실덩실 추고 싶었습니다.

"아버지 어머니, 절 받으세요."

삼 형제는 과양생이 부부 앞에 엎드려 절을 했습니다.

그런데 다음 순간 엎드려 절한 세 아들이 일어날 줄 모르는 것이었습니다. 자세히 살펴보니 세 아들은 이미 죽어 있었습니다.

과양생이 부부는 하늘이 무너지는 것 같았습니다. 한날 한시에 태어난 삼 형제가 한날 한시에 죽다니 너무도 원통하여 밤에 잠도 오지 않았습니다.

과양생이 부부는 어째서 이런 일이 생겼는지 궁금했습니다. 삼 형제가 죽은 이유를 알아야 억울한 마음이 풀어질 것 같았습니다. 과양생이 부부는 생각다 못해 광양 고을 원님인 김치원을 찾아가 삼 형제가 죽은 이유를 밝혀 달라고 청했습니다.

그러나 원님이라고 해서 세 사람이 갑자기 죽은 이유를 밝힐 방법이 없었기 때문에 며칠째 고민만 하고 있을 따름이었습니다.

그러자 성이 난 과양생이 부부는 원님의 집 앞을 지날 때마다 욕을 하였습니다.

"백성의 억울한 사정을 들어주지 못하다니, 그러고도 원님이라고 뻐기고 다니느냐? 바보 멍청이, 김치원아!"

원님은 죽을 맛이었습니다. 아무리 생각해도 문제를 해결할 방법이 없으니 미쳐 버릴 것 같았습니다.

보다 못한 부인이 원님에게 말했습니다.

"고민하실 것 없어요. 사람이 나고 죽는 것은 저승의 염라대왕이 맡아 하는 일이잖아요. 과양생이 부부의 세 아들이 어째서 죽었는지는 염라대왕을 불러 물어 보세요."

원님이 어이없다는 표정을 지었습니다.

"저승이 무슨 이웃 고을인 줄 아나? 살아 있는 사람이 어떻게 저승에 가서 염라대왕을 불러온단 말이오?"

"당신도 참 답답하십니다. 그만한 배포와 능력이 있는 사람을 찾아 염라대왕을 잡아오라고 하면 되지 않습니까? 제가 듣기로는 당신의 아랫사람 가운데 강림 도령이 아주 똑똑하고 힘이 세며 배포도 두둑하다고 합니다."

원님은 부인의 말을 듣고 귀가 번쩍 뜨였습니다. 그래서 강림 도령을 저승에 보내기로 하고 사령들을 불러 말했습니다.

"너희들은 밤이 이슥해지면 강림 도령의 집에 가서 강림 도령이 잠들기를 기다려라. 그랬다가 강림 도령이 잠들면 세 번 이름을 부르고는 강림 도령을 깨워 나한테 데려오너라."

이것은 물론 부인이 가르쳐 준 계략이었습니다.

사령들은 원님이 시킨 대로 강림 도령을 원님에게 데려왔습니다.

원님은 강림 도령의 목에 칼을 씌우고 호통을 쳤습니다.

"이놈! 네 죄를 네가 알렸다! 세 차례나 사람을 보냈는데도 자는 척하고 오지 않아? 네놈은 상관의 명을 어겼으니 사형에 처하겠다!"

원님이 눈짓을 하자 포졸 한 사람이 긴 칼을 뽑아 들었습니다. 그러자 강림 도령은 겁에 질려 벌벌 떨었습니다.

"사또, 제가 잘못했습니다. 한 번만 용서해 주십시오. 시키시는 일은 뭐든지 다 하겠습니다."

"진심으로 하는 말이냐? 좋다. 그렇다면 저승에 가서 이레 안에 염라대왕을 잡아오너라."

"예? 염라대왕을요?"

"염라대왕을 잡아오든지 네 목숨을 내놓든지 둘 가운데 하나를 택하라."

염라대왕을 잡아오지 않겠다고 하면 단칼에 목을 베일 판이었습니다. 다급한 김에 강림 도령은 이렇게 대답했습니다.

"분부대로 하겠습니다. 염라대왕을 잡아올 테니 한 번만 살려 주십시오."

원님은 이 말을 듣고서야 강림 도령을 풀어 주었습니다.

집으로 돌아온 강림 도령은 머리를 싸매고 누웠습니다. 이레 안에 염라대왕을 잡아오라니 도저히 불가능한 일이었습니다. 염라대왕은커녕 저승으로 가는 길도 모르니 앞으로 어찌해야 할지 눈앞이 캄캄했습니다.

강림 도령이 잠도 안 자고 식사도 안 하고 한숨만 푹푹 쉬자 어머니는 아들이 걱정되어 조심스럽게 물었습니다.

"강림아, 왜 그러니? 밖에서 무슨 일이 있었니?"

"예, 어머니. 원님이 저한테 염라대왕을 잡아오라 하는데 제가 무슨 수로 그런 일을 하겠습니까? 염라대왕이 있는 저승은 죽어야 갈 수 있는 곳인데……."

강림 도령은 어머니에게 원님과의 사이에 있었던 일을 모두 이야기했습니다.

그러자 어머니는 아무렇지 않은 듯 말했습니다.

"애도 참, 그 정도 일 가지고 뭘 그리 걱정하니? 내가 도와줄 테니 안심하거라."

어머니는 무슨 생각인지 쌀로 떡을 만들었습니다. 먹음직스러운 시루떡이었습니다.

어머니는 시루떡 한 덩이는 대문 앞에 놓고, 또 한 덩이는 부뚜막에 놓았습니다. 그리고 마지막 한 덩이는 저승 가는 강림 도령에게 주려고 따로 챙겨 놓았습니다.

그리고 나서 어머니는 깨끗이 목욕을 한 뒤 칠 일 동안 밤낮을 가리지 않고 빌었습니다.

"제 아들 강림이 저승에 갑니다. 길을 잘 인도해 주세요."

어머니는 대문 앞에서는 대문을 지키는 문신에게 빌고, 부뚜막 앞에서는 부엌을 지키는 조왕신에게 빌었습니다.

칠 일째 되는 날 밤, 어머니는 기도를 하다가 깜빡 졸았습니다. 그때 조왕신이 꿈 속에 나타나 말했습니다.

"애야, 졸고 있을 때가 아니다. 어서 강림을 저승으로 보내라. 이제 곧 새벽닭이 울 거다."

어머니는 얼른 일어나 강림을 깨워서는 시루떡 한 덩이를 싸주면서 어서 떠나라고 재촉했습니다.

강림 도령은 저승길로 가려면 어디로 가야 할지 몰라서 발길 닿는 대로 터벅터벅 걸어갔습니다.

얼마쯤 그렇게 갔을까 강림 도령은 앞서 걸어가는 굽은 할머니를 보았습니다. 할머니는 물 묻은 행주치마를 입고 지팡이를 짚고 있었습니다. 할머니의 걸음은 무척 빨라서 아무리 쫓아가도 따라잡을 수가 없었습니다.

강림 도령은 기운이 없어지고 맥이 풀려 떡이나 먹으면서 잠시 쉬었다 가려고 나무 그늘에 털썩 주저앉았습니다. 그랬더니 할머니도 길가에 주저앉아 보따리를 푸는 것이었습니다. 그 보따리 안에도 시루떡이 들어 있었습니다.

강림 도령은 신기하다는 듯 할머니에게 말했습니다.

"아니, 어째서 할머니도 저와 똑같은 시루떡을 갖고 있죠?"

그제야 할머니가 입을 열었습니다.

"이놈아, 내가 누군지 모르겠니? 너희 집 부엌에 사는 조왕 할머니가 바로 나다. 네 어머니가 하도 나를 극진히 섬겨 네게 저승 가는 길을 알려 주려고 왔단다."

할머니는 꼬불꼬불한 고갯길을 가리켰습니다.

"저 길을 쭉 걸어가면 일흔여덟 갈림길이 나올 거야. 그 가운데 저승 가는 길이 있는데 잠시 앉아서 기다리면 노인 한 분이 와서 그 길을 알려 줄 거다."

강림 도령은 할머니가 고마워서 큰절을 올렸는데 고개를 들어 보니 어느새 사라지고 없었습니다.

조왕신이 알려 준 대로 고갯길을 가니 과연 일흔여덟 갈림길이 나왔습니다. 강림 도령이 길가에 앉아 기다렸는데 잠시 뒤 할아버지 한 사람이 정말로 나타났습니다.

강림 도령은 할아버지에게 큰절을 올렸습니다.

그러자 할아버지가 보따리를 풀면서 말했습니다.

"배가 고픈데 점심이나 먹고 갈까? 너는 내가 누군지 모르지?"

강림 도령은 할아버지가 풀어 놓은 보따리를 보고 깜짝 놀랐습니다. 자신이 갖고 있는 떡과 똑같은 떡이 들어 있었던 것입니다.

할아버지가 말했습니다.

"나는 너희 집 대문을 지키는 문신이다. 네 어머니의 정성이 지극해 네게 저승길을 알려 주려고 왔지."

할아버지는 일흔여덟 갈림길을 하나하나 설명하고는 마지막 남은 길을 가리키며 말했습니다.

"이 길로 가야 한다. 가시덩굴로 덮여 있는 좁고 험한 길이지. 한참 가다 보면 길을 닦다가 앉아 졸고 있는 사람을 보게 될 거야. 그 사람에게 네가 가진 떡을 주면 저승 가는 길을 일러 줄 것이다."

"문신 할아버지, 알려 주셔서 고맙습니다."

강림 도령은 벌떡 일어나 문신에게 또 큰절을 올렸습니다.

그런데 고개를 들어 보니 감쪽같이 사라지고 없었습니다.

강림 도령은 좁고 험한 길을 걸어갔습니다. 가시덤불을 헤치면서 마냥 걸어가자 길을 닦다가 앉아서 졸고 있는 사람이 보였습니다.

강림 도령은 그 앞에 시루떡을 조금 떼어 내놓았습니다. 그러자 그 사람은 무척 배가 고팠던지 눈을 번쩍 뜨더니 허겁지겁 떡을 먹었습니다.

그는 배를 채우고는 강림 도령에게 물었습니다.

"당신은 어디로 가는 길이오?"

강림 도령이 대답했습니다.

"저는 광양 고을 원님의 명으로 저승을 찾아가는 중입니다. 염라대왕을 잡아오라고 하셨거든요."

길을 닦는 사람은 어이없다는 표정을 지었습니다.

"살아 있는 사람이 저승에 가겠다고요? 어림없어요. 평생을 걸어도 저승에 도착하지 못해요."

"그럼 어떻게 해야 저승에 갈 수 있죠? 제발 가르쳐 주세요."

강림 도령은 길을 닦는 사람에게 끈질기게 매달렸습니다.

길을 닦는 사람은 떡을 얻어먹은 탓에 냉정하게 뿌리치지 못했습니다.

"할 수 없군요. 저승에 가는 방법을 알려 드리지요. 당신은 살아 있는 사람이니 몸 대신 혼으로 저승을 다녀와야 해요. 따라서 제가 저승 초군문으로 가는 길을 가르쳐 드리지요. 이 길을 쭉 가면 연못이 나오는데 망설이지 말고 연못 속으로 뛰어들어요. 그러면 저승 초군문 앞에 와 있을 거예요."

"고맙습니다."

강림 도령은 길을 닦는 사람에게 인사하고 그곳을 떠나려고 했습니다.

이때 길을 닦는 사람이 그를 불러 세웠습니다.

"염라대왕을 잡으러 저승에 간다고 하셨지요? 제가 한 가지 정보를 알려 드리지요. 모레 점심때쯤 염라대왕이 굿 잔치에 가려고 저승 초군문을 나설 겁니다. 그때 염라대왕이 다섯 번째 가마에 타고 있을 테니, 이 기회를 놓치지 말고 염라대왕을 붙잡도록 하세요."

길을 닦는 사람은 강림 도령에게 중요한 정보를 알려 주고 어디론가 사라졌습니다.

길을 떠난 강림 도령은 연못가에 이르렀습니다.

연못가에는 저승에 들어가지 못한 굶주린 혼령들이 진을 치고 있었습니다. 이들은 강림 도령이 나타나자 한꺼번에 달려들었습니다.

"젊은이, 나 좀 저승에 데려가 줘."

"나도! 제발 부탁이야."

혼령들은 강림 도령의 옷자락을 잡고 늘어졌습니다.

강림 도령은 시루떡을 꺼내 잘게 부수어 사방으로 뿌렸습니다. 그러자 혼령들은 이리저리 흩어져 떡을 주워 먹기 시작했습니다. 강림 도령은 이 틈을 타서 눈을 꼭 감고 연못 속으로 뛰어들었습니다. 그리고 눈을 떠 보니 바로 저승 초군문 앞에 와 있었습니다.

강림 도령은 이곳에서 염라대왕이 나오기를 기다렸습니다.

드디어 점심때가 되자 초군문이 활짝 열렸습니다. 그러더니 많은 신하들을 거느린 염라대왕의 행차가 시작되었습니다. 강림 도령은 염라대왕이 타고 있는 다섯 번째 가마가 자기 앞으로 오자 갑자기 고함을 지르며 염라대왕에게 달려들었습니다.

"염라대왕아, 꼼짝 마라!"

강림 도령은 재빨리 밧줄을 꺼내 염라대왕을 꽁꽁 묶었습니다. 눈

깜짝할 사이에 벌어진 일이었습니다.

강림 도령은 자신에게 덤벼드는 염라대왕의 열두 장사를 순식간에 때려눕혔습니다. 그러자 그 자리에 있던 염라대왕의 신하들은 '걸음아 나 살려라' 하고 달아났습니다.

강림 도령이 말했습니다.

"나는 이승에서 온 강림 도령이오. 광양 고을 원님의 명으로 당신을 잡으러 왔소. 나와 함께 이승으로 갑시다."

염라대왕이 말했습니다.

"나는 지금 굿 잔치에 가는 길이다. 거기에 들러서 함께 음식을 얻어먹고 이승으로 가자꾸나."

"알겠습니다."

강림 도령은 염라대왕을 따라 굿하는 집으로 갔습니다.

강림 도령은 그곳에서 술을 실컷 얻어먹고 그만 곯아떨어지고 말았습니다. 한참 자고 일어나니 염라대왕이 보이지 않았습니다. 강림 도령이 자는 틈을 타서 모습을 감춘 것입니다. 강림 도령은 염라대왕을 찾으려고 주위를 두리번거렸습니다.

그때 조왕신이 나타나서 말했습니다.

"강림아, 장대 위를 보아라. 새 한 마리가 있지? 염라대왕이 새로 변해 앉아 있으니 큰 톱으로 장대를 자르거라."

조왕신이 시킨 대로 강림 도령이 큰 톱을 가져와 장대를 자르려고 하자 염라대왕이 본래의 모습으로 돌아와 강림 도령에게 말했습니다.

"너를 속이려 해도 속일 수가 없구나. 아직 굿이 끝나지 않았으니 네가 먼저 이승에 가 있어라. 그러면 이틀 뒤에 내가 광양 고을로 가마."

염라대왕은 강림 도령에게 흰 강아지 한 마리와 떡을 주었습니다.

"이 강아지가 이승으로 가는 길을 아니 강아지 뒤를 따라가거라. 떡을 조금씩 떼어 먹이면서 말이야."

강림 도령은 강아지 뒤를 따라 무사히 이승으로 돌아올 수 있었습니다.

집에 와 보니 어느새 3년이 지나 있었습니다. 저승의 하루가 이승의 1년이었기 때문입니다.

"강림아, 살아 돌아왔구나."

어머니는 눈물을 흘리며 아들을 반겼습니다.

원님은 강림 도령이 돌아왔다는 소식을 듣고는 그를 불러들였습니다.

"염라대왕을 잡아오라 했더니 어째 혼자 왔느냐?"

"염라대왕은 이틀 뒤에 오기로 했습니다."

"뭐라고? 내가 그 거짓말을 믿을 것 같으냐?"

원님은 화를 벌컥 내며 강림 도령을 감옥에 가둬 버렸습니다.

그런데 이틀 뒤, 약속대로 염라대왕이 광양 고을에 나타났습니다. 그리하여 강림 도령은 감옥에서 풀려날 수 있었고 염라대왕과 원님은 마주 앉게 되었습니다.

먼저 염라대왕이 입을 열었습니다.

"그대는 어찌하여 강림 도령에게 나를 잡아오라고 했느냐?"

원님이 기어들어가는 목소리로 대답했습니다.

"저희 고을에 과양생이 부부가 사는데 한날 한시에 태어난 세 아들이 한날 한시에 죽었습니다. 이들이 갑자기 죽은 이유를 밝힐 방법이 없어 대왕님을 모셔 오게 한 겁니다."

"으음, 그런 일이 있었군. 과양생이 부부를 불러 오너라."

염라대왕은 과양생이 부부가 불려오자 과양생이의 아내에게 물었습니다.

"너는 세 아들이 한날 한시에 한꺼번에 죽으니 마음이 어떻더냐?"

"하늘이 무너지는 듯했습니다."

"그럼 남의 집 세 아들을 죽였을 때, 그 부모님의 마음을 헤아려 보았느냐?"

"예? 무슨 말씀인지……"

"시치미 떼지 말거라. 네가 한 짓을 모를 줄 아느냐?"

염라대왕은 사령들을 불러 과양생이 부부의 세 아들이 묻힌 곳을 파 보게 했습니다. 그랬더니 그곳에는 시신은 없고 칠성판(관 속 시체 밑에 까는 널빤지)만 있었습니다.

잠시 후, 염라대왕은 연화못으로 가서 금부채로 연못물을 세 번 부쳤습니다. 그러자 연못물이 금세 말라붙더니 뼈가 드러났습니다. 동경국 버물왕의 세 아들의 뼈였습니다.

염라대왕이 뼈들을 모아 놓고 금부채로 세 번 부치자, 뼈에 살이 붙고 피가 돌아 삼 형제가 벌떡 일어나는 것이었습니다.

염라대왕은 삼 형제를 과양생이 부부에게 데려갔습니다. 그리고는 과양생이 부부에게 물었습니다.

"잘 보아라. 너희 부부의 세 아들이냐?"

"예, 그렇습니다. 그런데 이게 어찌 된 일이죠?"

염라대왕은 그들의 물음에는 답하지 않고 이번에는 삼 형제에게 물었습니다.

"자세히 보아라, 저 여자가 누구냐?"

"저희들의 원수입니다. 비단을 가로채려고 저희들을 죽였습니다."

염라대왕은 과양생이의 아내를 쳐다보았습니다.

"이제 어떻게 된 일인지 알겠지? 네가 죽인 삼 형제가 네 아들로 태어난 것이다. 너를 깨우쳐 주려고……."

그제야 과양생이의 아내는 후회의 눈물을 흘렸습니다. 그러나 이미 엎질러진 물이었습니다. 염라대왕은 과양생이의 아내를 지옥으로 보내 죄 값을 치르게 하였고 삼 형제는 동경국으로 보냈습니다.

염라대왕은 강림 도령이 아주 마음에 들었습니다. 그래서 강림 도령을 저승으로 데려가 차사로 일하게 했습니다. 저승 차사는 염라대왕의 심부름꾼으로 이승과 저승을 넘나들며 수명이 다 된 사람을 저승으로 데려오는 일을 맡아 했습니다.

  그 뒤 강림 도령은 3천 년 동안 도망 다니던 동방삭을 붙잡는 등 저승 차사로서 큰 활약을 했다고 합니다.

(출전 : 제주도 지방의 무당 노래 《차사본풀이》)

농경신 자청비, 문도령과 축산신 정수남 신화

자청비와 문도령의 사랑

옛날 주년국에 김진국 대감과 조진국 부인이 살았습니다.

이들 부부는 돈도 많고 땅도 많아 잘 먹고 잘 살았지만 한 가지 아쉬운 점이 있었습니다. 바로 마흔이 넘도록 자식이 없는 것이었습니다.

어느 날, 동개남 은중절에서 온 스님 한 사람이 김진국 대감의 집에 시주를 얻으러 왔습니다.

스님은 자식이 없다는 대감 부부의 사연을 듣고는 이렇게 말했습니다.

"우리 절에 오셔서 불공을 드리면 아들을 얻을 수 있습니다. 백미 백 석과 은 백 냥, 명주 백 필을 부처님께 바치시고요."

"아들을 얻을 수 있다는데 무슨 일인들 못하겠습니까? 시주를 올리고 불공을 드리러 가겠습니다."

며칠 뒤 대감 부부는 백미 백 석과 은 백 냥, 명주 백 필을 마차에 싣고 동개남 은중절을 향해 출발했습니다.

그들은 길을 가던 도중에 또 한 명의 스님을 만났습니다. 서개남 무광절의 스님이었습니다. 그는 대감 부부에게 아들을 얻으러 동개남 은중절에 시주와 불공을 드리러 간다는 말을 듣고는 어처구니없다는 듯 목소리를 높였습니다.

"대감, 가까운 절을 놔두고 왜 먼 절을 찾아가십니까? 사실 그 절보다 우리 절이 더 영험합니다. 우리 절에 시주하여 아들을 본 사람이 한둘이 아닙니다."

대감 부부는 이 말을 듣고 귀가 솔깃했습니다. 그래서 스님을 따라 서개남 무광절에 가서 시주를 하고 불공을 드렸습니다.

뒤늦게 이 사실을 알게 된 동개남 은중절 스님은 화가 몹시 났습니다.

'우리 절에 오기로 해 놓고 다른 절에 가? 어디 두고 보자. 부처님, 대감 부인에게 줄 아들을 그 집 하녀에게 주시고 대감 부인은 딸을 낳게 해 주세요.'

스님의 기도는 그대로 이루어졌습니다.

대감 부인과 하녀 정술데기가 나란히 임신해서 한날 한시에 아기를 낳았는데 대감 부인은 딸을 낳고 하녀는 아들을 낳은 것입니다.

대감 부부는 아들이 아니어서 서운하기는 했지만 예쁜 딸을 얻어서 기뻤습니다. 대감은 자청하여 낳은 자식이라고 해서 딸 이름을 '자청비'라고 지었습니다.

하녀 정술데기도 아들을 낳아 흐뭇해하며 아들의 이름을 '정수남'이라 지었습니다.

한편, 하늘나라 옥황궁에도 경사가 있었습니다. 하늘의 아홉 별 가운데 하나로서 문관 벼슬을 하는 '문곡성'도 한날 한시에 아들을 얻은 것입니다. 문곡성은 아들의 이름을 '문왕성 문도령'이라 지었습니다.

자청비는 어느덧 무럭무럭 자라 열다섯 살이 되었습니다.

어느 날, 그녀는 베틀에 앉아 비단을 짜다가 하녀 정술데기의 손을 보았습니다.

"어머나! 어쩜 그렇게 손이 곱지? 아주머니 손 같지 않네. 내 손보다 더 고운걸."

하녀가 웃으며 말했습니다.

"제 손이 고운 걸 이제 아셨어요? 주천강 여울에서 늘 빨래를 해서 그래요."

"그게 정말이야? 나도 주천강 여울에서 빨래를 하면 손이 고와지겠네."

자청비는 하녀에게 빨랫감을 챙겨 달라고 해서 주천강으로 빨래를 하러 갔습니다.

자청비가 주천강 여울에서 정신없이 빨래를 하고 있을 때였습니다. 문왕성 문도령이 주청당 거무 선생에게 글을 배우러 내려왔다가 자청비를 보게 되었습니다.

'오, 저렇게 아름다운 아가씨가 있다니……. 땀 흘려 일하는 모습이 더욱 아름답구나.'

문도령은 자청비에게 반해 넋을 잃고 바라보았습니다. 그러다가 홀린 듯 다가가서 그녀에게 말을 걸었습니다.

"아가씨, 목이 말라서 그런데 물 한 바가지만 얻을 수 있을까요?"

자청비는 대답 대신 바가지를 집어 들고는 바가지에 물을 뜨더니 그 위에 버들잎을 띄워 주었습니다.

바가지를 건네받은 문도령은 물을 쭉 들이킬 수 없었습니다. 버들잎이 있어 후후 불어가며 물을 마셔야 했기 때문입니다. 문도령은 얼굴을 찡그리며 한 마디 했습니다.

"바가지에 버들잎을 띄워 힘들게 물을 마시게 하다니요. 꼭 그렇게 심술을 부려야 되겠어요?"

자청비가 말했습니다.

"급히 물을 마시면 체하기 쉽습니다. 체하면 약도 없으니 물을 천천히 마시라고 버들잎을 띄웠습니다."

"아, 그러셨어요? 저는 그런 줄도 모르고……. 이거 죄송합니다."

문도령은 자청비에게 사과하며 말했습니다.

그리고는 다시 길을 가려는데 자청비가 문도령을 불러 세웠습니다.

"잠깐만요. 어디 가시는 길이죠?"

"주청당 거무 선생한테 갑니다. 글을 배우려고요."

"아, 그러세요? 마침 잘 됐군요. 우리 오라버니도 거무 선생에게 글을 배우고 싶다고 했는데 같이 가시지요."

자청비는 문도령에게 기다리라고 이르고 빨래를 하다 말고 집으로 달려갔습니다.

"아버지 어머니, 주청당 거무 선생에게 글을 배우러 가겠습니다. 허락해 주세요."

"여자가 글을 배워 무엇에 쓰려고? 나이가 차면 시집이나 가지."

대감 부부가 반대하자 자청비는 물러서지 않았습니다.

"아버지 어머니, 자식이라고 저 하나밖에 없지 않습니까. 두 분이 돌아가시면 제사 때 축문과 지방은 글을 배워서 제가 써야지요."

"듣고 보니 그렇구나. 그럼, 가서 글을 배워 오렴."

자청비는 부모님의 허락을 받고는 남자 옷으로 갈아입고 문도령에게 돌아왔습니다.

"동생에게 들었습니다. 글공부를 하러 가신다고요? 저와 같이 가시지요."

"고맙습니다. 함께 공부할 친구를 얻어 기쁘군요. 저는 옥황궁 문곡성의 아들 '문왕성 문도령'입니다."

"저는 자청비의 오라버니 '자청 도령'입니다."

둘은 인사를 나누고는 주청당 거무 선생에게 갔습니다.

그날부터 글공부가 시작되었습니다. 두 사람은 한솥밥을 먹고 한방에서 자며 거무 선생에게 글을 배웠습니다.

자청비는 남자 옷을 입고 있지만 한 방에서 같이 지내다 보면 문도령에게 여자라는 걸 들킬 수도 있다는 생각이 들었습니다. 그래서 꾀를 내어 잠자리에서는 자신과 문도령 사이에 은대야를 놓았습니다. 은대야에는 물을 가득 채우고 그 위에 은수저와 놋수저를 걸쳐 두었습니다.

"아니, 잠자리에 왜 은대야를 갖다 놓았지?"

문도령이 묻자 자청비는 이렇게 둘러댔습니다.

"응, 은대야를 갖다 놓고 그 위에 걸쳐 둔 수저를 떨어뜨리지 않고 자면 공부가 잘 된다고 해서……. 아버지가 알려 주셨어."

은대야를 놓고 자니 두 사람은 서로 곁으로 다가갈 수 없었습니다. 더욱이 문도령은 은대야의 물을 엎지르거나 수저를 떨어뜨릴까 봐 밤에 얼마 자지 못했습니다. 그러다 보니 늘 잠이 모자라 낮에는 꾸벅꾸벅 졸기 일쑤였습니다. 문도령은 자청비에게 공부에서 뒤지자 창피하고 속상했습니다. 무엇이든 한 가지라도 잘해서 자청비의 기를 꺾고 싶었습니다.

그래서 어느 날, 문도령은 자청비에게 말했습니다.

"네가 공부는 나보다 잘하지만 활쏘기는 나보다 못할걸. 누가 활을 잘 쏘는지 겨루어 볼까?"

"좋아."

문도령과 자청비는 활터에 가서 차례로 활을 쏘았습니다.

문도령은 스무 발 가운데 열다섯 발을 과녁 한가운데에 정확히 쏘아 맞혔습니다. 그러나 자청비는 스무 발 가운데 열아홉 발을 과녁 한가운데에 쏘아 맞혔습니다.

문도령은 약이 올랐습니다. 그래서 무엇으로 이길까 궁리하다가 자청비에게 말했습니다.

"네가 공부와 활쏘기는 나보다 잘하지만 오줌 멀리 누기는 나보다 못할걸. 누구 오줌 줄기가 멀리 나가는지 겨루어 볼까?"

자청비는 당혹스러웠습니다. 여자였던 자청비는 남자처럼 서서 오줌을 눌 수 없었기 때문입니다. 그렇다고 내기를 거절하다면 여자가 아닌가 하고 자기를 의심할 것이 뻔했습니다.

자청비는 시합을 하기로 하고 문도령과 함께 대밭으로 갔습니다.

문도령은 아랫도리를 내리더니 먼저 오줌을 누었습니다. 오줌 줄기가 멀리 뻗어 나갔습니다. 그 거리가 열두 자 반이나 되었습니다.

다음은 자청비 차례였습니다. 자청비는 문도령이 오줌을 누는 사이 대나무 대롱을 바짓가랑이에 숨겨 두었습니다. 그리고 힘차게 오줌을 누니 그 거리가 서른 자 반이었습니다. 이번에도 자청비의 승리였습니다.

문도령은 그 뒤부터 시합을 하자는 소리는 입 밖에도 내지 않았습니다. 그리고 자청비가 하도 고와 여자가 아닐까 의심했는데 그 의심도 깨끗이 버렸습니다.

공부를 시작한 지 3년이 흘렀습니다.

하루는 문도령이 아침에 세수를 하려고 하는데 새 한 마리가 날아들어 무언가 떨어뜨리고 가는 것이었습니다. 손에 쥐어 보니 아버지 문곡성이 보낸 편지였습니다.

'아들아, 글공부를 마치고 옥황궁으로 돌아오너라. 네 신붓감도 정해 놓았다. 서수대왕의 딸이니 어서 와서 혼례를 치르거라.'

문도령은 편지를 읽고 자청비에게 말했습니다.

"이제 옥황궁으로 돌아가야겠어. 아버지께서 신붓감을 정해 놓았다고 어서 와서 결혼하라는 거야."

"그러니? 축하한다. 나도 그만 집으로 가야겠어."

자청비는 이렇게 말하고 거무 선생에게 하직 인사를 한 뒤 문도령과 나란히 주청당을 나섰습니다.

자청비는 문도령을 사랑하고 있었습니다. 문도령과 헤어져야 한다고 생각하니 가슴이 아팠습니다.

두 사람은 산길을 걸어 주천강에 이르렀습니다. 주천강은 두 사람이 처음 만난 곳이었습니다.

여름철이어서 날이 무척 더웠습니다.

자청비가 강물을 바라보며 말했습니다.

"여기서 목욕이나 하고 갈까? 3년 동안 묵은 때를 벗기자고. 이제 헤어지면 영영 만나지 못하잖아."

"그러자고."

두 사람은 강가로 내려갔습니다.

문도령은 아래쪽에서 몸을 씻고, 자청비는 위쪽에서 강물에 손발을 담갔습니다.

'문도령은 눈치 없고 미련한 사람이야. 3년 동안 한 방에서 지냈으면서 나를 남자로 믿고 있다니……. 내가 자기를 얼마나 좋아하는지도 모르고…….'

자청비는 헤어지기 전에 속마음을 문도령에게 전하고 싶었습니다. 그래서 버들잎을 따서 몇 자 적어 물 위에 띄워 보냈습니다.

문도령은 자기 앞으로 떠내려온 버들잎을 발견했습니다. 건져서 보니 글씨가 깨알같이 적혀 있었습니다.

'눈치 없는 문도령아, 미련한 문도령아. 3년 동안 한 방에서 지냈으면서 남자 여자도 구별 못하는 문도령아.'

문도령은 깜짝 놀랐습니다.

'자청 도령이 여자였다고? 그렇다면 3년 전에 만났던 자청비가 오라버니 노릇을 했구나. 어쩐지 닮았다 했더니…….'

문도령은 자청비를 찾으려고 위쪽을 바라보았습니다.

자청비가 집을 향해 가고 있었습니다. 문도령은 재빨리 옷을 입고 자청비를 뒤쫓아갔습니다. 숨을 헐떡이며 뛰어가 자청비 집 앞에서 자청비를 따라잡았습니다.

자청비는 수줍은 듯 고개를 숙이며 말했습니다.

"도령님, 그동안 여자라는 사실을 숨겨서 죄송합니다. 용서해 주십시오. 안채에 들어갔다가 나올테니 제 방에 가서 기다려 주세요."

자청비는 문도령을 제 방에 들여보내고 부모님에게 인사했습니다.

"아버지 어머니, 3년 만에 돌아왔습니다. 글공부를 모두 마쳤습니다."

"장하다. 남자도 하기 힘든 공부를 여자의 몸으로 잘도 마치고 왔구나. 고생 많았다."

"저와 같이 공부하던 어린 소년이 함께 왔습니다. 고향집이 꽤 먼 곳에 있는데 제 방에서 하룻밤 재우고 내일 새벽 일찍 떠나보내겠습니다."

자청비는 문도령을 어린 소년이라 속이고 함께 밤을 보냈습니다. 두 사람은 손을 꼭 잡고 사랑을 맹세했습니다.

문도령은 하늘나라로 떠나기 전에 박씨 한 알을 주며 말했습니다.

"이 박씨를 마당에 심으시오. 박을 딸 때쯤 돌아오겠소."

그러나 옥황궁으로 돌아간 문도령은 박을 딸 때가 되어도 돌아올 줄을 몰랐습니다.

'도령님에게 무슨 일이 생긴 걸까? 왜 돌아오지 않는 거지?'

자청비는 약속을 굳게 믿고 애타게 문도령을 기다렸습니다. 하지만 문도령은 박을 다 따고 다음 해 봄이 되어도 아무 소식이 없었습니다.

봄볕이 따사로운 어느 날, 자청비는 문도령을 기다리며 문 밖을 내다보고 있었습니다.

왁자지껄 떠드는 소리가 들리더니 동네 청년들이 지나갔습니다. 그들은 나무를 한 짐씩 해서 지게에 짊어지고 있었습니다.

자청비는 그들을 보자 심술이 났습니다. 다른 집 하인들은 부지런히 나무를 하러 다니는데 자기 집 하인은 툇마루에 누워 낮잠이나 자고 있었기 때문입니다.

그 하인이 바로 자청비와 한날 한시에 태어난 하녀 정술데기의 아들 정수남이었습니다.

정수남은 게으르기 짝이 없었습니다. 언제나 집안일은 뒷전이고 허구한 날 낮잠을 즐겼습니다. 얼마나 먹성이 좋은지 하루에도 몇 끼씩 밥을 차려 먹는 위인이었습니다.

자청비는 하인을 한심하다는 듯 노려보더니 버럭 소리를 질렀습니다.

"정수남아, 또 낮잠이니? 다른 집 하인들은 나무를 해 오느라 바쁜데 너는 낮잠으로 세월을 보내?"

정수남이 잠에서 깨어 투덜거렸습니다.

"조용조용히 말하세요. 귀청 떨어지겠어요. 나도 나무를 해 오고 싶다고요. 도끼와 소 아홉 마리와 말 아홉 마리를 주면 일 년 땔 나무를 한꺼번에 해 올게요."

자청비는 이 말을 듣고 도끼와 소 아홉 마리와 말 아홉 마리를 마련해 주었습니다.

그러자 정수남은 소와 말들을 몰고 굴미굴산으로 나무를 하러 갔습니다.

"나무를 하기 전에 잠깐 눈 좀 붙여 볼까?"

정수남은 소와 말들을 나뭇가지에 매어 놓고 잠을 청했습니다. 그런데 깨워 주는 사람이 없어 몇 날 며칠을 쿨쿨 잠만 잤습니다.

그 사이 소와 말들은 모두 굶어 죽고 말았습니다.

잠에서 깬 정수남은 소와 말들이 죽은 것을 보고도 놀라지 않았습니다. 오히려 배고픈데 잘 됐다며 소와 말의 가죽을 벗겨 통째로 구워 먹었습니다. 이제 남은 것은 소가죽과 말가죽뿐이었습니다.

정수남은 도끼와 가죽을 들고 산을 내려가기 시작했습니다.

산기슭에는 연못이 있었습니다. 그곳을 지나다 보니 오리 한 마리가 물 위에 떠 있는 것이 보였습니다.

'오리가 참 곱구나. 자청비 아가씨가 고운 것을 좋아하니 저 오리나 잡아다 줘야겠다.'

정수남이 오리를 겨냥하여 도끼를 힘껏 던졌지만 오리는 달아나고 도끼는 연못 속에 가라앉아 버리고 말았습니다.

도끼를 찾으려고 정수남은 옷을 벗고 물 속으로 들어갔지만 물 속을 아무리 뒤져도 도끼는 보이지 않았습니다. 할 수 없이 빈손으로 나온 그는 깜짝 놀랐습니다. 벗어 놓은 옷과 가죽이 흔적도 없이 사라진 것입니다. 누군가 몽땅 훔쳐 달아난 모양이었습니다.

남 보기 부끄러워 밤에 몰래 집에 돌아온 정수남은 장독 속에 숨어들었습니다. 하지만 장독대에 온 자청비에게 그만 들키고 말았습니다.

"정수남아, 그게 무슨 꼴이니? 소와 말들은 다 어디 두고 알몸뚱이로 온 거니?"

자청비가 캐어묻자 정수남은 거짓말로 둘러댔습니다.

"말도 마세요. 하늘나라 옥황궁 문도령 때문에 이 꼴이 되었다고요. 제가 굴미굴산으로 나무를 하러 갔더니 문도령이 옥황궁 시녀들을 거느리고 내려와 꽃놀이를 하는 게 아니겠어요. 저는 그것을 구경하는데 정신이 팔려 소와 말과 도끼를 누가 훔쳐 가는 것도 몰랐어요."

자청비는 문도령을 보았다는 말에 귀가 번쩍 뜨였습니다.

"정말 문도령을 보았느냐?"

"그럼요."

"지금 가면 만날 수 있을까?"

"이미 옥황궁으로 돌아갔어요. 하지만 모레 다시 오겠다고 했으니, 그때 가면 만날 수 있을 거예요."

자청비는 정수남의 말을 철석같이 믿었습니다.

그래서 굴미굴산으로 문도령을 만나러 가려고 새 옷을 지어 입고 음식을 준비했습니다.

자청비는 귀한 소식을 알려 준 정수남이 고마워 그에게도 옷을 지어 입혔습니다. 그리고 상냥한 목소리로 말했습니다.

"정수남아, 점심은 어떻게 할까? 먹고 싶은 것이 있으면 말해 보렴."

"아가씨, 떡이 좋겠어요. 아가씨 드실 떡과 제가 먹을 떡을 따로따로 준비해 주세요. 아가씨 드실 떡은 찹쌀 닷 되에 소금 닷 되를 넣어 만들고, 제가 먹을 떡은 맵쌀 닷 되에 소금은 넣는 둥 마는 둥 해서 만드세요."

"알겠다. 너는 말이나 준비해 놓아라."

이튿날 날이 밝자 자청비는 정수남을 데리고 굴미굴산으로 갔습니다.

험한 산길을 오르니 어느새 점심때가 되었습니다.

자청비와 정수남은 떨어져 앉아 떡을 먹었습니다.

자청비는 짜디짠 떡을 먹고 나니 목이 말랐습니다. 그래서 물을 마시려고 샘을 찾다가 건너편에 있는 냇물을 발견했습니다.

자청비는 냇물을 건너려고 겉옷을 벗어서는 속옷 차림으로 샘에서 물을 마셨습니다.

그런데 다시 냇물을 건너와 보니 겉옷이 보이지 않았습니다.

'아니, 옷이 어디 갔지?'

자청비가 당황하여 겉옷을 찾는데 정수남이 불쑥 나타나 말했습니다.

"아가씨, 문도령은 오지 않아요. 저하고 단둘이 이곳에서 삽시다."

정수남이 자청비의 겉옷을 들고 있었던 것이었습니다.

그제야 자청비는 정수남에게 속은 것을 알았습니다. 자청비는 겁이 덜컥 났습니다. 정수남에게 섣불리 반항하면 그의 손에 죽을 수도 있었기 때문입니다. 부드러운 목소리로 자청비가 말했습니다.

"정수남아, 겉옷을 다오. 이곳에서 같이 살려면 집이 있어야 하니 날이 저물기 전에 움막이나 짓자."

정수남은 좋아라 하며 겉옷을 내놓았습니다.

자청비는 겉옷을 입고 나서 정수남과 움막 한 채를 지었습니다.

그러는 사이 해는 서산마루에 걸렸습니다.

정수남이 머리가 가려워 손으로 북북 긁고 있는데 자청비가 이것을 보고 정수남에게 손짓했습니다.

"정수남아, 이리 오너라. 내 무릎을 베고 누우렴. 네 머리에 있는 이를 잡아 줄게."

정수남은 얼른 달려와 자청비의 무릎을 베고 누웠습니다.

자청비가 머리를 만져 주자 그는 기분이 좋아 입을 벌리고 잠이 들었습니다.

자청비는 정수남의 얼굴을 내려다보았습니다.

'이놈을 살려 두면 안 되겠지? 괴롭힘을 당하다가 내가 죽을 거야. 그러니 이번 기회에 죽여 버리자.'

자청비는 이런 생각을 하고 싸리나무 꼬챙이로 정수남의 왼쪽 귀를 찔렀습니다. 싸리나무 꼬챙이가 오른쪽 귀로 나와 정수남은 소리 없이 죽어 버렸습니다.

자청비는 혼자 말을 타고 집으로 돌아왔습니다. 그리고 부모님에게 정수남을 죽인 일을 솔직히 털어놓았습니다.

아버지는 펄쩍 뛰었습니다.

"내가 아끼는 하인을 죽여? 너는 시집가면 남이나 마찬가지지만 하인은 우리를 평생 먹여 살린다는 것을 모르느냐? 꼴도 보기 싫으니 당장 이 집에서 나가거라!"

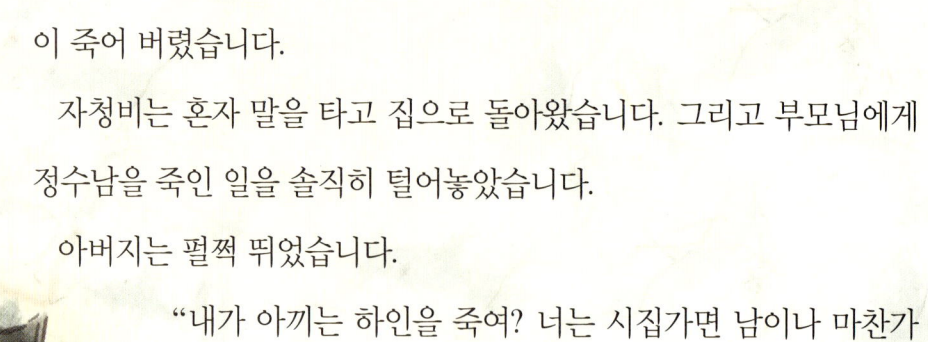

자청비는 집에서 쫓겨나고 말았습니다.

자청비는 남자 옷으로 갈아입고 서천꽃밭으로 향했습니다. 서천꽃밭에 죽은 사람을 살리는 환생꽃이 있다는 소문을 들어서였습니다. 서천꽃밭에서 환생꽃을 구해 정수남을 살린다면 부모님이 자신을 받아 주리라고 생각한 것입니다.

자청비는 서천꽃밭 근처에 가는 도중 이런 소문을 들었습니다. 서천꽃밭 꽃감관 황세곤간이 밤마다 날아드는 부엉이가 꽃밭의 꽃을 쪼아 먹는 통에 골치를 썩고 있다는 것입니다.

마을로 들어선 자청비는 아이들 셋이서 다투는 것을 보았습니다. 무슨 일인가 했더니 부엉이 한 마리를 잡아 놓고 서로 자기 것이라고 우기고 있었습니다. 자청비는 아이들에게 돈 몇 푼씩을 쥐어 주고 부엉이를 샀습니다. 그리고는 그 부엉이를 화살에 꿰어 서천꽃밭 꽃감관 황세곤간의 집 마당에 던져 놓고 대문을 두드렸습니다.

이윽고 황세곤간이 나오자 자청비가 말했습니다.

"저는 지나가는 길손인데 날아가는 부엉이를 활로 쏘아 맞혔습니다. 부엉이가 이 집 마당에 떨어지길래 화살이나 찾으러 왔습니다."

황세곤간은 마당에 떨어져 있는 부엉이를 보고 반색하며 말했습니다.

"마침 잘 오셨소이다. 우리 집 꽃밭에 날아드는 부엉이 좀 잡아 주시오."

"그러지요."

이리하여 자청비는 황세곤간의 집에 묵게 되었습니다.

그날 밤, 자청비는 마당으로 나와 이렇게 중얼거렸습니다.

"정수남아, 정수남아! 네 혼령이 부엉이로 변하여 내 품에 안겨라."

그러자 어디선가 부엉이 한 마리가 날아와 자청비의 품에 안겼습니다. 자청비는 부엉이의 다리를 잡더니 화살을 찔러 꽃밭으로 던졌습니다.

다음 날 아침, 황세곤간은 기쁜 얼굴로 찾아와서 말했습니다.

"간밤에 부엉이를 잡아 주어 정말 고맙소. 소원이 있으면 말씀해 보시오. 무엇이든 다 들어 주리다."

자청비는 기다렸다는 듯이 말했습니다.

"이 꽃밭에 사람을 살리는 환생꽃이 있다고 들었습니다. 그 꽃을 주신다면 기쁘게 받겠습니다."

"알겠소. 꽃을 꺾어다 드리리다."

잠시 뒤, 황세곤간은 꽃밭에서 몇 송이의 꽃을 꺾어 왔습니다. 그것은 뼈가 살아나는 뼈살이꽃, 살이 살아나는 살살이꽃, 피가 살아나는 피살이꽃, 혼이 살아나는 혼살이꽃, 숨이 살아나는 숨살이꽃이었습니다.

자청비는 꽃들을 챙겨 들고 굴미굴산으로 돌아왔습니다. 그녀가 정수남의 시신을 찾아내 꽃들을 뿌리자 정수남이 살아나 기지개를 켜며

하품을 했습니다.

"아함, 잘 잤다. 아가씨, 그만 집으로 가죠."

자청비는 정수남을 데리고 집으로 돌아왔습니다.

그러자 깜짝 놀란 부모님이 오히려 성을 냈습니다.

"사람을 죽였다 살렸다 해? 이제는 요망을 부리는구나. 너를 이 집에 두었다가는 집안이 망하겠다. 당장 이 집에서 나가거라!"

자청비는 또다시 집에서 쫓겨나고 말았습니다.

'아, 이제는 어디로 가지?'

자청비는 눈물을 펑펑 흘리며 여기저기 떠돌아다녔습니다.

그러던 어느 날이었습니다.

산 속에서 길을 잃고 헤매던 자청비는 주막을 발견했습니다. 주막에서 베틀 소리가 들려왔는데 주막 주인은 머리가 하얀 할머니였습니다.

자청비는 할머니에게 하룻밤 재워 달라고 하고 할머니가 부엌으로 간 사이 베틀에 앉아 비단을 짰습니다. 할머니는 자청비가 짠 비단을 보고 혀를 내둘렀습니다.

"솜씨가 보통이 아니야. 평생 비단을 짠 나보다 낫네. 어디 갈 데가 없으면 나와 같이 살지 않겠수?"

할머니는 자청비를 수양딸로 삼았습니다.

자청비는 주막 일을 거들며 할머니를 도와 비단을 짰습니다.

하지만 할머니는 비단을 내다 팔지 않고 열심히 비단을 만들어 차곡차곡 쌓아 둘 뿐이었습니다.

자청비가 그 이유를 묻자 할머니가 대답했습니다.

"이 비단들은 하늘나라 옥황궁에 가져갈 거야. 문왕성 문도령이 서수대왕의 따님과 결혼할 때 쓸 비단이거든."

"뭐, 뭐라고요?"

자청비는 깜짝 놀라 하마터면 소리를 지를 뻔했습니다.

'문도령이 아직도 하늘나라에 있구나. 그런데 나한테 아무 소식도 전하지 않다니……. 아마 나를 잊어버렸나 봐. 무정한 양반 같으니…….'

자청비는 눈물을 흘리며 비단 끝에 '가련하다, 자청비'라고 새겨 넣었습니다.

비단이 모두 만들어지자 할머니는 비단을 짊어지고 옥황궁으로 올라갔습니다.

비단을 살펴보던 문도령은 비단 끝에 수놓인 글씨를 보고 눈을 치켜떴습니다.

"할머니, 이 비단은 누가 짠 비단이죠?"

"제 수양딸이 짠 비단이에요. 자청비라고……."

"그래요? 그럼 자청비에게 꼭 전해 주세요. 오늘 밤에 내가 만나러 가겠다고요."

그날 밤, 문도령은 정말 자청비를 찾아왔습니다.

이때 자청비는 자기 방에서 바느질을 하고 있었습니다.

창가에 그림자가 어른거리자 자청비가 물었습니다.

"거기 누구요?"

"나는 옥황궁에서 온 문도령이요. 문을 열어 주시오."

자청비는 눈물이 나도록 반가웠지만 문득 장난을 치고 싶어졌습니다.

"진짜 문도령이면 창구멍으로 손가락을 내밀어 보세요."

문도령은 자청비가 시키는 대로 했습니다.

그러자 자청비는 짓궂게도 바늘로 문도령의 손가락을 콕 찔렀습니다.

"아얏!"

마음이 언짢아진 문도령은 발길을 돌려 하늘나라로 돌아가 버렸습니다.

할머니가 이 사실을 알고는 자청비를 꾸짖었습니다.

"너는 왜 하는 일이 그 모양이니? 그러니까 집에서 쫓겨났지. 너 같은 아이는 필요 없으니 이 집에서 나가거라."

자청비는 할머니 집에서도 내쫓기고 말았습니다.

자청비는 발길 닿는 대로 돌아다니다가 머리를 깎고 스님이 되었습니다. 승복을 입고 목탁을 손에 쥔 채 이 마을 저 마을로 시주를 얻으러 다녔습니다.

자청비와 문도령의 사랑

하루는 어느 마을로 들어섰다가 냇가에 주저앉아 울고 있는 처녀들을 보았습니다. 하늘나라 옥황궁의 궁녀들이었습니다.

"아니, 무슨 일로 서럽게 울고 계십니까?"

자청비가 묻자 한 궁녀가 대답했습니다.

"저희들은 하늘나라 옥황궁에서 문도령의 심부름으로 왔습니다. 문도령이 주청당에서 공부하고 돌아올 때 자청비와 함께 목욕했던 곳의 물을 떠 오라 하셨습니다. 하지만 그곳을 찾지 못해 이렇게 울고 있는 겁니다."

"궁녀님들, 문도령과 자청비가 목욕했던 곳을 알려 드리면 저를 하늘나라 옥황궁에 데려다 주시겠습니까?"

"물론이지요. 그런데 당신은 누구시죠?"

"제가 바로 자청비입니다."

자청비는 궁녀들이 물을 뜨게 도와 주고 궁녀들을 따라 줄을 타고 하늘나라로 올라갔습니다.

자청비는 궁녀들에게 문도령의 집을 물어 그 집을 찾아갔습니다. 집 앞에는 큰 팽나무 한 그루가 서 있었는데 자청비는 그 나무 위에 올라갔습니다.

날이 저물자 보름달이 떠올랐습니다. 이때 문도령이 마당으로 나와 보름달을 보며 노래를 불렀습니다.

"저 달이 제아무리 고와도 자청비만큼 고우랴."

자청비가 이 노래를 듣고 따라서 노래를 불렀습니다.

"저 달이 제아무리 훤해도 문도령만큼 훤하랴."

문도령은 깜짝 놀라 나무 위를 올려다보았습니다. 자청비가 나뭇가지에 앉아 자기를 내려다보고 있었습니다.

"자청비!"

"도령님!"

자청비는 나무에서 내려와 문도령의 품에 안겼습니다.

자청비와 문도령은 밤새도록 사랑을 나누었습니다. 두 사람은 이제 헤어지지 않고 하늘나라에서 행복하게 살고 싶었습니다.

그러나 그러기 위해서는 문도령이 아버지 어머니의 허락을 받아야 했습니다. 서수대왕 딸과의 결혼을 포기하고 자청비에게 장가들겠다고 말입니다.

이튿날, 문도령은 부모님을 찾아가서 말했습니다.

"아버지 어머니, 제가 수수께끼를 낼 테니 대답해 보세요."

"그래."

"새 옷이 따뜻한가요, 묵은 옷이 따뜻한가요?"

"그야 묵은 옷이 따뜻하지."

"새 사람이 좋나요, 묵은 사람이 좋나요?"

"묵은 사람이 좋지."

"아버지 어머니! 저는 새 사람인 서수대왕 따님과 결혼하지 않고 묵은 사람인 자청비와 결혼하겠습니다."

문도령은 부모님에게 자청비와의 사랑 이야기를 자세히 들려주었습니다.

아버지 문곡성은 한동안 생각에 잠겼다가 입을 열었습니다.

"나는 아무나 며느리로 들이지 않는다. 우리 집안의 며느리가 되려면 시험을 통과해야 해. 땅을 쉰 자 파고 숯 쉰 섬을 묻어 불을 피운 다음, 그 위에 작두를 세워 놓고 맨발로 걸어가야 한다."

자청비는 어려운 시험을 피해 가지 않았습니다. 문도령과 결혼하지 못한다면 차라리 죽겠다는 각오로 맨발로 작두 위에 올라섰습니다.

자청비는 한 발짝 두 발짝 날카로운 칼날 위를 걸어갔습니다. 마침내 작두를 다 건너 땅에 내려서자 문도령의 부모님은 고개를 끄덕였습니다.

"이제 됐다. 며느리감으로 충분하구나."

부모님의 허락을 받자 문도령은 자청비를 얼싸안고 기뻐했습니다.

자청비와 문도령은 마침내 혼례를 올려 부부가 되었습니다.

결혼 생활은 행복했습니다. 두 사람은 날마다 꿈같은 나날을 보냈습니다.

그런데 하늘나라에는 이 두 사람의 행복을 시기하는 사람들이 있었습니다. 이들은 문도령을 죽이고 아름다운 자청비를 차지하려고 음모를 꾸몄습니다. 이들은 애꾸눈 노파를 시켜 문도령에게 독이 든 술을 마시게 해서는 결국 문도령의 목숨을 앗아가고 말았습니다.

그 다음에 이들은 자청비를 노렸습니다. 자청비를 납치하려고 문도령의 집으로 갔는데 기절할 듯이 놀랐습니다. 방 안에서 문도령의 코고는 소리가 들려오는 것이었습니다.

"문도령이 살아 있구나. 이게 어찌 된 일이지?"

겁에 질린 악당들은 우르르 달아나 버렸습니다.

자청비는 이들이 쳐들어올 줄 알고 문도령의 시신이 있는 방에 매미를 잡아넣었는데 악당들은 이 소리를 코고는 소리로 잘못 들은 것이었습니다.

자청비는 서천꽃밭에 가서 환생꽃을 얻어와 문도령을 살려 냈습니다.

그 후, 하늘나라에는 적군 삼만 명이 쳐들어와서 난리가 났습니다.

옥황상제는 문도령을 장군으로 임명해 적군과 맞서 싸우게 했습니다. 그러나 자청비는 문도령이 전쟁터에 나가는 것을 원하지 않았습니다. 목숨을 잃을 수 있었기 때문입니다.

"서방님은 집에 계십시오. 제가 대신 나가 적군을 무찌르겠습니다."

자청비는 전쟁터에 나가기 전에 서천꽃밭에 가서 같은 편끼리 서로 싸우게 하는 멸망꽃을 얻어 왔습니다.

전쟁터로 나간 자청비는 적군들의 진영에 멸망꽃을 뿌렸습니다. 그러자 적군들은 저희들끼리 싸우다가 모두 다 죽고 말았습니다.

자청비가 큰 승리를 거두고 돌아오자 옥황상제 천지왕은 크게 기뻐했습니다.

"장하다. 그대가 이 나라를 구했으니 세상의 절반을 상으로 주마."

그러나 자청비는 고개를 저었습니다.

"싫습니다. 저한테 주시겠다면 여러 가지 곡식의 씨앗이나 주십시오."

자청비는 천지왕에게 곡식의 씨앗을 얻어 가지고 인간 세상으로 내려갔습니다.

고향집을 찾아가자 정수남이 혼자 집을 지키고 있었습니다. 세월이 흘러 자청비의 부모님은 이미 세상을 떠난 뒤였습니다.

자청비는 정수남을 데리고 다니며 세상 사람들에게 곡식의 씨앗을 나누어 주고 농사짓는 법을 가르쳐 주었습니다. 그래서 가는 곳마다 풍년이 들게 했습니다.

그 뒤 자청비와 문도령은 농경신이 되어 세상 사람들이 농사를 잘 짓도록 도와 주었습니다. 또한 정수남은 축산신이 되어 세상 사람들이 기르는 가축들을 정성스레 돌보았다고 합니다.

(출전 : 제주도 지방의 무당 노래 《세경본풀이》)

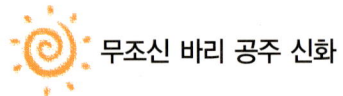 무조신 바리 공주 신화

효성스러운 바리 공주

옛날 옛적 불라국에 '오구대왕'이란 임금이 있었습니다.

오구대왕은 열네 살에 열아홉 살 된 길대 아가씨를 왕비로 맞이해 점을 쳐 보았더니 공주를 내리 일곱이나 낳는다고 나왔습니다.

오구대왕은 당황했습니다. 아무리 족집게 같은 점쟁이라지만 그 말이 믿어지지 않았습니다.

'설마 그럴 리가 있겠나? 그 중에서 왕자를 하나 둘쯤은 낳겠지.'

이렇게 생각한 오구대왕은 점쟁이의 말을 잊어버리고 길대 부인과 행복하게 살았습니다. 그리고 얼마 뒤에 길대 부인이 아기를 가졌는데 낳고 보니 딸이었습니다.

오구대왕은 대수롭지 않게 생각했습니다.

'첫 애가 딸이면 둘째나 셋째는 아들이겠지.'

그러나 3년마다 자식을 낳았는데 둘째부터 여섯째까지 모두 딸이었습니다.

오구대왕은 얼굴이 하얗게 되었습니다. 공주를 내리 일곱이나 낳는다더니 점쟁이의 말이 사실인가 보다 싶은 것이었습니다.

길대 부인은 일곱째 아이를 낳았지만 아니나 다를까, 이번에도 딸이었습니다.

오구대왕은 화가 머리끝까지 났습니다.

"꼴도 보기 싫다! 저 아이를 바다에 버려라!"

오구대왕은 버린 아이라고 일곱째 공주의 이름을 '바리'라고 지었습니다. 그리고 바리의 생년월일과 신분을 적은 종이를 바리와 함께 옥함에 넣었습니다.

신하들은 옥함을 바다에 띄웠습니다. 그러자 바다 속에서 금거북이 불쑥 떠올라 옥함을 등에 싣고 천천히 나아갔습니다. 바닷가에까지 떠내려 온 옥함을 발견한 것은 바닷가 마을에 사는 노인 부부였습니다.

할아버지와 할머니는 옥함에 실려 있는 바리 공주를 보고 크게 기뻐했습니다.

"우리가 자식이 없는 줄 알고 옥황상제께서 귀여운 딸을 보내 주셨나 봐요."

"허허, 그렇구려. 앞으로 잘 키워 봅시다."

할아버지와 할머니는 바리 공주를 집으로 데려와 정성을 다해 길렀습니다.

바리 공주는 하루가 다르게 무럭무럭 자랐습니다.

바리 공주가 열다섯 살이 되는 해에 오구대왕과 길대 부인이 갑자기 병이 들어 몸져누워 버렸습니다. 용하다는 의원이란 의원은 모두 부르고 좋다는 약도 전부 써 보았지만 소용없었습니다. 병세는 더욱 깊어가기만 했습니다.

오구대왕은 점쟁이를 불러 물어 보았습니다.

"우리 부부의 병을 고치려면 어찌해야 하느냐?"

점쟁이가 대답했습니다.

"서천 서역국에 가면 약수가 있습니다. 그것을 구해 와서 드시면 병이 나으실 겁니다."

"오, 그래? 서천 서역국이 어디에 있는 나라냐? 그리고 누가 그곳까지 다녀오겠느냐?"

"바리 공주님이라면 약수를 구해 올 수 있을 겁니다."

"바리 공주? 그 아이는 바다에 버렸는데 어디에 있는 줄 알고 찾느냐?"

오구대왕은 어두운 표정을 지으며 한숨을 쉬었습니다.

한편, 바리 공주가 어느 날 꿈을 꾸었는데 산신령이 나타나 이런 말을 하는 것이었습니다.

"바리 공주님, 왕궁으로 가십시오. 부모님이 몹쓸 병에 걸려 신음하고 계십니다."

바리 공주는 깜짝 놀라 깨어나서는 할아버지와 할머니에게 꿈 이야기를 했습니다.

그러자 할아버지와 할머니는 옥함과 옥함에 담겨 있던 종이를 꺼내 보여 주며 말했습니다.

"이제까지 숨겨 와서 죄송합니다. 공주님, 어서 왕궁으로 돌아가시지요."

바리 공주는 자신이 공주라는 사실을 옥함에 담겨 있던 종이를 보고 나서야 확실히 알게 되었습니다.

바리 공주가 왕궁에 나타나자 오구대왕과 길대 부인은 울음을 터뜨렸습니다.

"우리가 너를 버려 이런 벌을 받는구나. 으이그, 불쌍한 것! 우리를 용서해 다오."

바리 공주도 눈물을 흘리며 말했습니다.

"아닙니다. 부모님을 모시지 못해 죄송스러울 따름입니다. 제가 곧 약수를 구해 올 테니 조금만 참고 기다려 주세요."

바리 공주는 서천 서역국이 어디에 있는지도 모르면서 무작정 길을 떠났습니다. 약수를 담아 올 호리병을 옆구리에 차고 무쇠 신을 신고 무쇠 지팡이를 손에 쥐었습니다. 지팡이는 한 번 짚으면 천 리 길을 한 걸음에 갈 수 있게 해 주었습니다.

바리 공주는 서쪽으로 쉬지 않고 가다가 냇가에서 빨래하는 아주머니를 만났습니다.

"아주머니, 서천 서역국으로 가려면 어디로 가야 하죠?"

바리 공주가 묻자 아주머니가 대답했습니다.

"때에 절은 이 새까만 빨래를 눈같이 하얗게 빨아 줘. 그러면 가르쳐 주지."

"알겠어요."

바리 공주는 소매를 걷어붙이고 새까만 빨래를 하얗게 빨아 주었습니다.

"수고했다. 냇물을 따라 걸어 내려가거라. 그러면 다리를 놓고 있는 사람을 만나게 될 거야. 그 사람한테 물어 보렴."

바리 공주는 아주머니와 헤어져 냇물을 따라 걸어 내려갔습니다. 그러자 강이 나오더니 다리를 놓고 있는 사람이 보였습니다.

"실례합니다. 서천 서역국으로 가려면 어느 길로 가야 하나요?"

다리를 놓고 있는 사람이 말했습니다.

"아흔아홉 칸짜리 무쇠 다리를 놓아 줘. 그러면 가르쳐 줄게."

바리 공주는 부탁 받은 대로 다리를 놓아 주었습니다.

"고마워. 이 길을 따라 쭉 걸어가. 그러면 탑을 쌓고 있는 사람이 있을 거야. 그 사람에게 물어 봐."

바리 공주는 탑을 쌓고 있는 사람을 만났습니다.

"서천 서역국으로 가는 길이 어디냐고? 탑을 다 쌓아 줘. 그러면 가르쳐 줄게."

바리 공주가 탑을 다 쌓아 주자 그 사람이 말했습니다.

"왔던 길을 따라 곧장 걸어가면 바둑을 두고 있는 석가여래와 아미타불을 만날 거야. 그분들한테 길을 물어 봐."

바리 공주는 한참을 걸어갔습니다. 그러자 바둑을 두고 있는 두 부처님을 만날 수 있었습니다.

"부모님의 병을 고칠 약수를 구하러 서천 서역국으로 간다고? 참으로 힘든 길을 가는구나. 이 지팡이를 가져가렴. 그러면 험한 길이 평탄한 길이 되고 바다에서도 길이 열릴 거야. 그리고 낭화 세 가지를 줄 테니 위험할 때 쓰렴."

바리 공주는 두 부처님이 가르쳐 준 길로 떠났습니다.

이제부터는 인간 세상이 아니라 저승이어서 여러 가지 지옥을 거쳐야 했습니다. 칼이 풀처럼 심어져 있는 칼산 지옥, 불길이 꺼지지 않는 불산 지옥, 얼음밖에 없는 얼음 지옥, 구렁이가 우글거리는 구렁이 지옥, 물이 넘실거리는 물 지옥, 어두컴컴한 암흑 지옥 등 지옥은 무려 팔만 사천 개나 되었습니다.

바리 공주는 낭화 가지를 흔들며 그곳을 무사히 지나 삼천 리가 넘

는 저승강에 이르렀습니다. 이 강은 배뿐만 아니라 가벼운 깃털도 가라앉는다는 곳이었습니다.

바리 공주가 지팡이로 강물을 치자 강물 위에 찬란한 무지개 다리가 놓여 강을 쉽게 건널 수 있었습니다.

언덕에는 무장승이 서 있었습니다. 키가 하늘에 닿는 무시무시한 거인이었는데 눈은 등잔 같고 얼굴은 쟁반만 하며 손은 솥뚜껑만 하고 발은 석 자 세 치나 되었습니다.

거인의 요구로 바리 공주는 머슴살이를 했습니다. 물을 긷느라 3년, 불을 때느라 3년, 나무를 하느라 3년……. 무려 9년 동안이나 일을 한 것입니다.

"부모님이 기다리고 계십니다. 약수를 떠가게 해 주세요."

그러나 무장승은 고개를 가로저었습니다.

"아직 할 일이 남아 있어요. 나와 결혼하여 일곱 명의 아들을 낳아 줘요."

바리 공주는 할 수 없이 무장승과 결혼하여 아들 일곱을 낳았습니다.

그제서야 바리 공주는 약수를 받고 아들 일곱과 함께 길을 떠났습니다. 갈 때는 멀고 험하던 길이 올 때는 가깝고 평탄했습니다. 옥황상제가 도와 주었는지 수만 리가 십 리로 줄어 불라국으로 아주 빨리 돌아올 수 있었습니다.

그렇지만 왕궁에서는 장례식이 열리고 있었습니다. 오구대왕과 길대 부인이 세상을 떠난 것입니다.

바리 공주는 상여를 붙잡고 울다가 상여 속에 있는 부모님의 입에 약수를 부었습니다. 그러자 신기하게도 두 사람이 살아났습니다.

오구대왕이 공주에게 말했습니다.

"네가 우리를 살리려고 엄청난 고생을 했구나. 정말 고맙다. 우리 허락을 받지 않고 결혼했다지만 미안해할 것 없다. 아무쪼록 잘살아라. 네게 나라의 절반을 주도록 하마."

그러나 바리 공주는 나라의 절반을 주겠다는 제의를 거절하고 아무것도 받지 않았습니다.

그 뒤 바리 공주의 남편인 무장승은 산신제(산신에게 지내는 제사)와 봉분제(장사 때 흙을 둥글게 쌓아 무덤을 만든 뒤 그 자리에서 지내는 제사)의 제물을 받는 산신이 되고, 바리 공주의 일곱 아들은 저승을 다스리는 저승 시왕(저승의 열 왕)이 되었습니다.

또한 바리 공주는 무당의 조상신인 무조신이 되어 죽은 사람들을 저승으로 이끌었습니다.

(출전 : 서울, 경기 지방의 무당 노래 《바리 공주》)

 삼신 할멈 신화

아기 낳는 일을 돕는 삼신 할멈

　오랜 옛날, 동해 용왕은 신부로 서해 용왕의 딸 용녀에게 장가를 들었습니다.
　동해 용왕 부부는 금슬이 좋았지만 한 가지 걱정거리가 있었습니다. 서른을 지나 마흔이 가깝도록 아이가 없는 것이었습니다.
　용왕 부부는 아이를 갖고 싶어 관음사라는 유명한 절을 찾아가 백일 기도를 했습니다. 얼마 뒤에 용왕 부인에게 아기가 생겼는데 낳고 보니 어여쁜 딸이었습니다.
　용왕 부부는 좋아서 어쩔 줄을 몰랐습니다. 귀하게 얻은 딸이 어찌나 귀여운지 눈에 넣어도 아프지 않았습니다.
　그런데 귀엽다고 오냐오냐하며 키운 탓인지 딸아이는 커 가면서 버릇이 없어졌습니다. 어른에게 함부로 대하고 고약한 짓만 골라 가며 했습니다.

한 살 때는 어머니 젖가슴을 때리고, 두 살 때는 아버지에게 덤벼들어 수염을 뽑았습니다. 또한 세 살 때는 마당에 널어놓은 곡식을 흩뜨렸으며, 네 살 때는 조상에게 불효를 저지르고, 다섯 살 때는 친척들과 싸워 원수처럼 대했습니다.

용왕은 딸 때문에 골치를 앓았습니다. 나이를 먹을수록 더 큰 죄를 짓기에 그냥 내버려 둘 수 없었습니다.

그래서 할 수 없이 용왕이 딸을 죽이려 하자 부인이 울면서 매달렸습니다.

"그래도 우리가 낳은 귀한 자식입니다. 그런데 어떻게 죽일 수 있겠습니까. 차라리 딸아이를 멀리 쫓아 버리세요."

용왕도 꺼림칙한 마음이었기에 부인의 말을 따르기로 했습니다. 그래서 대장장이를 시켜 무쇠 상자를 만들게 한 뒤 딸아이를 무쇠 상자에 넣어 바닷물에 띄워 보내야겠다고 생각했습니다.

무쇠 상자가 만들어지자 용왕은 딸아이를 불러 말했습니다.

"어서 이 상자 속에 들어가거라."

용왕의 딸은 깜짝 놀라 어머니를 돌아보았습니다.

"어머니, 상자 속에 들어가라니요? 제가 이제 어떻게 되는 겁니까?"

어머니가 대답했습니다.

"무쇠 상자가 바닷물에 띄워지면 인간 세상에 닿게 될 거야."

"인간 세상에 가면 저는 뭘 해서 먹고 살아야 하나요? 농사도 지을 줄 모르고 장사도 할 줄 모르는데요."

"걱정 마라. 인간 세상에는 아기 낳는 일을 돕는 삼신이 없으니 네가 그 일을 하면 밥을 얻어먹을 수 있을 거다."

"어떻게 해야 아기를 낳죠?"

"아기는 어머니 몸을 통해 낳는데 그 전에 아버지 어머니의 피를 섞어야 한단다. 이렇게 해서 열 달을 채우면 뼈와 살이 나와……."

어머니는 딸에게 삼신이 해야 할 일을 자세히 알려 주려고 했지만 용왕의 호통에 입을 다물어야 했습니다.

"빨리 상자 속에 들어가지 않고 뭐 하느냐? 부인은 멀리 떠나는 아이에게 쓸데없는 소리 하지 말고 물러서시오."

그리하여 용왕의 딸은 무쇠 상자 속에 갇히게 되었고 무쇠 상자에는 자물쇠가 채워졌습니다.

무쇠 상자는 용궁 밖으로 던져져 이리저리 떠다녀 바다 밑에서 3년, 바다 위에서 3년, 그리고 동해 바닷가에 닿아서 3년을 보냈습니다. 무쇠 상자를 발견한 사람은 임박사라는 사람이었습니다. 임박사가 자물쇠를 따고 뚜껑을 열자 상자 속에서 아리따운 모습의 처녀가 나왔습니다.

깜짝 놀란 임박사가 소리쳤습니다.

"너는 누구냐? 사람이냐, 귀신이냐? 네 정체를 밝혀라."

처녀가 입을 열었습니다.

"저는 동해 용왕의 딸입니다. 인간 세상에 아기 낳는 일을 돕는 삼신이 없다고 해서 용궁에서 왔습니다."

"마침 잘 오셨소. 우리 부부가 결혼한 지 30년이 넘었는데 아직 자식이 없소. 아내가 아기를 낳게 해 주시오."

"알겠어요."

용왕의 딸은 임박사의 집으로 가서 아내를 만나서는 어머니가 가르쳐 준 대로 하여 그녀가 아기를 갖게 해 주었습니다. 임박사의 아내는 점점 배가 불러 왔고 열 달이 되자 배는 남산만 해졌습니다.

그러나 용왕의 딸은 손도 못 쓰고 있었습니다. 사람에게 자식이 생기게 해 주는 일만 배웠을 뿐 아이를 낳는 법은 전혀 몰랐기 때문입니다.

열 달이 지나 열두 달이 되었습니다. 임박사의 아내는 몸이 무거워 죽을 지경이었습니다. 용왕의 딸은 아이 낳는 것을 더 이상 미룰 수가 없었습니다. 그래서 은가위를 손에 쥐고 아기 어머니 앞에 섰습니다.

'아기를 어디로 꺼내지? 배일까, 겨드랑이일까? 에라, 모르겠다. 아기가 나오나 안 나오나 겨드랑이부터 갈라 보자.'

용왕의 딸은 골똘히 생각하더니 은가위로 아기 어머니의 오른쪽 겨드랑이를 갈라 아기를 꺼내려고 했습니다. 하지만 아기는 나오지 않고 아기 어머니는 죽어라 비명을 질렀습니다.

용왕의 딸은 당황하여 어찌할 바를 몰랐습니다. 저러다가 아기도 아기 어머니도 모두 죽을 것 같았습니다.

'아, 이를 어쩌지? 큰일났네.'

용왕의 딸은 겁이 나서 그 자리에 앉아 있을 수 없었습니다. 곧바로 임박사의 집에서 뛰쳐나와 바닷가로 쏜살같이 달려갔습니다.

'나 때문에 아기와 아기 어머니가 죽게 생겼어. 어떡하면 좋지?'

용왕의 딸은 수양버들 아래에서 발을 동동 굴렀지만 뾰족한 수는 떠오르지 않고 눈물만 쉴새없이 쏟아졌습니다.

임박사는 결국 그날을 못 넘기고 아기와 아내를 모두 잃고 말았습니다. 그는 기가 막혀 눈물도 나오지 않았습니다. 잠자리에 누우면 억울하고 분해서 잠도 오지 않았습니다.

"옥황상제님도 너무하십니다. 낳지도 못할 아기와 사랑하는 아내를 한꺼번에 거두어 가시다니요."

임박사는 너무도 원통한 나머지 금백산에 제단을 차려 놓고 옥황상제 천지왕에게 푸념을 늘어놓았습니다.

천지왕은 사연을 듣고 가슴이 아팠습니다.

'인간 세상에 제대로 된 삼신이 없어 아까운 목숨들만 이승을 뜨는구나. 삼신을 새로 정해 인간 세상에 내려 보내야겠다.'

천지왕은 명진국 따님아기를 삼신으로 뽑고는 삼신의 할 일을 빠짐

없이 가르쳤습니다. 사람에게 자식이 생기게 해 주는 법을 비롯하여 아기 낳는 일, 아기 키우는 일까지 모든 것을 낱낱이 전했습니다.

이리하여 명진국 따님아기가 삼신으로 일하려고 사월 초파일에 인간 세상으로 내려가게 되었습니다. 인간 세상에서 명진국 따님아기가

처음 만난 것은 다름 아닌 용왕의 딸이었습니다. 날마다 바닷가 수양버들 아래에 와 울고 있는 모습을 본 것입니다.
　명진국 따님아기는 그녀가 가엾고 딱해서 가까이 다가가 상냥스럽게 물었습니다.

"왜 울고 계세요? 무슨 좋지 않은 일이 있으셨나요?"

용왕의 딸은 울음을 그치고 말했습니다.

"저는 동해 용왕의 딸이에요. 인간 세상에 삼신이 없다는 어머니의 말을 듣고 삼신으로 왔어요. 그런데 아기 낳는 법을 몰라 얼마 전에 아기와 아기 어머니를 죽게 만들었지 뭐예요. 그 일이 가슴 아파 이렇게 울고 있답니다."

명진국 따님아기는 이 말을 듣고 눈이 휘둥그레졌습니다.

"당신도 삼신이라고요? 인간 세상에 삼신은 나 하나뿐이에요. 저는 옥황상제 천지왕께 삼신으로 일하라는 명령을 받았어요."

이 말을 들은 용왕의 딸이 화를 벌컥 내며 말했습니다.

"뭐 어쩌고 어째? 네가 삼신이라고? 너는 어디서 굴러먹던 말뼈다귀냐! 왜 뒤늦게 나타나 남의 일을 가로채려는 거야?"

용왕의 딸은 명진국 따님아기에게 악을 쓰며 덤벼들었습니다. 나중에는 화를 못 이겨 명진국 따님아기를 두들겨 패기까지 했습니다.

명진국 따님아기도 화가 나서 천지왕에게 기도를 올렸습니다.

"옥황상제님, 인간 세상에 삼신이 버젓이 있는데 어째서 저를 또 보내셨습니까? 삼신은 둘씩 필요 없으니 누구를 택할지 정해 주십시오."

용왕의 딸도 천지왕에게 기도를 올렸습니다.

"옥황상제님, 저는 동해 용왕의 딸로서 당신의 백성들을 위해 삼신 노릇을 했습니다. 그런데 무슨 속셈으로 또다른 삼신을 보내어 나를 바보로 만드십니까?"

천지왕은 명진국 따님아기와 용왕 딸의 기도를 듣고 이들을 옥황궁으로 불러들였습니다. 둘의 재주를 시험하여 더 나은 쪽을 인간 세상의 삼신으로 삼기 위해서였습니다.

천지왕은 꽃씨를 하나씩 나눠 주며 말했습니다.

"꽃씨를 가지고 서천 서역국에 가서 모래밭에 심어라. 꽃을 더 많이 피우는 이에게 인간 세상의 삼신을 맡기겠다."

명진국 따님아기와 용왕의 딸은 나란히 서천 서역국에 가서 모래밭에 꽃씨를 심었습니다. 그리고 저마다 물을 주며 온갖 정성으로 꽃을 가꾸었습니다.

며칠이 지나자 용왕의 딸이 피운 꽃은 뿌리도 하나요 가지도 하나인 반면에, 명진국 따님아기가 피운 꽃은 사만 오천육백 가지마다 풍성하게 달려 있었습니다. 이렇게 해서 인간 세상의 삼신, 즉 이승의 삼신은 명진국 따님아기로 정해졌습니다.

천지왕이 용왕의 딸에게 말했습니다.

"너한테도 일을 맡길 테니 실망하지 말아라. 저승으로 가서 죽은 아이들의 영혼을 돌보아라."

그러나 이승의 삼신 자리를 차지하지 못해 심술이 난 용왕의 딸은 명진국 따님아기를 노려보더니 따님아기가 가꾼 꽃가지 하나를 꺾었습니다.

"흥, 이승의 삼신이 되었다고 너무 좋아하지 마라. 아기가 새로 태어나면 백 일 안에 병들게 해 저승으로 데려갈 테다."

명진국 따님아기는 화를 내지 않고 부드러운 목소리로 달래듯이 말했습니다.

"우리 사이좋게 지내자. 아기가 태어나면 네게도 좋은 음식을 차려 줄게."

"정말?"

명진국 따님아기의 따뜻한 말 한 마디에 용왕 딸의 차가운 마음이 봄눈 녹듯 풀렸습니다.

두 처녀는 그 자리에서 화해하고 이승과 저승으로 각각 떠났습니다.

명진국 따님아기는 이승의 삼신으로 맡은 일을 열심히 했습니다. 앉아서 천 리, 서서 만 리를 보며 하루에 만 명의 아이가 태어나도록 도와 주었습니다.

명진국 따님아기는 어린 처녀였지만 그새 늙어서 할머니가 되었습니다. 이때부터 따님아기를 '삼신 할멈'이라 부르게 되었다고 합니다.

(출전 : 제주도 지방의 무당 노래 《삼승할망본풀이》)